ESSAI
SUR LA NOBLESSE,
LES TITRES
ET LA FÉODALITÉ.

Une attaque personnelle aussi injuste que mal adroite, a forcé Mr *Théodore Dotrenge*, député à la seconde chambre des états-généraux, de publier son *Opinion sur la rédaction de trois articles de la loi fondamentale*, etc. Cet excellent ouvrage m'a fait naître l'idée du petit écrit que j'offre au public, à qui j'ai cru devoir cette déclaration, ainsi qu'à Mr *Dotrenge* et à moi-même.

J'ai, d'ailleurs, été gratuitement provoqué par le rédacteur *anonyme* du prétendu *Mémoire de la noblesse de la Flandre orientale, pour le rétablissement des seigneuries et des droits seigneuriaux* (1). — S'il me demande, avec son arrogance ordinaire, quel est *mon mandat* pour parler sur la *matière?* je lui répondrai : *le voilà*.

PLASSCHAERT.

(1) Voyez page 47 du présent écrit, dont l'éditeur a également imprimé l'*Opinion de M. Dotrenge*, et le soi-disant *Mémoire de la noblesse de Flandre*. Cette dernière pièce avait été publiée originairement *sans signature ni nom d'imprimeur*.

ESSAI
SUR LA NOBLESSE,
LES TITRES
ET LA FÉODALITÉ,

PAR

J. B. J. PLASSCHAERT,

Auteur de l'*Esquisse historique sur les Langues, considérées dans leurs rapports avec la Civilisation et la Liberté des Peuples.*

Sinè irâ et studio, quorum causas procùl habeo. Tacite.

Sans animosité, comme sans flatterie : les motifs en sont loin de moi.

BRUXELLES,

P. J. DE MAT, IMPRIMEUR DE L'ACADÉMIE.

1818.

ESSAI

SUR

LA NOBLESSE, LES TITRES ET LA FÉODALITÉ.

J'ENTREPRENDS une tâche ingrate. Je traite une question que l'on croit épuisée, quoique les vieux principes qui servent à l'éclaircir paraissent oubliés depuis long-temps. J'oppose l'impartialité à l'intérêt personnel, et le bon sens aux passions. Je trouverai donc très-peu de lecteurs, ou la plupart, si j'en trouve, seront prévenus et irrités contre moi.

Pourquoi donc écrivez-vous, me dira-t-on? — Pourquoi? — Le voici : c'est qu'entre ceux qui savent tout, et ceux qui ne savent rien, entre ceux qui sacrifient tout à l'intérêt personnel, et ceux qui raisonnent comme si cet intérêt n'existait point, il est une autre classe d'hommes à laquelle je me fais gloire d'appartenir. Ce sont les hommes vrais et droits, qui ne sont point savans, mais qui ont exercé leur raison ; qui ne dédaignent point la vérité parce qu'elle a perdu les grâces de la jeunesse, sur-tout lorsqu'à force de la considérer comme vieille, on ne la regarde plus ; et qui, tout en convenant que l'intérêt est un des grands ressorts de la machine politique, ne respectent d'autre intérêt particulier que celui qui est en harmonie avec le bien général, ou, si on l'aime mieux, avec la conservation du tout. C'est à ces mêmes hommes que je soumets mes idées sur la question que je me propose d'agiter. C'est leur assentiment, ou plutôt leur estime que j'ambitionne. Si je l'obtiens, je me passerai sans peine de tout autre suffrage.

Voilà, lecteur, pourquoi j'écris. Vous rejeterez cette petite brochure sans la lire, ou vous la lirez jusqu'au bout, suivant qu'elle vous donnera de l'ennui ou du plaisir. Cela ne dépend point de moi, et je ne puis en répondre. Tout ce que je vous promets, c'est d'être fidèle à ma devise : *sinè irâ et studio*, *sans animosité comme sans flatterie.*

S'il y a dans le monde des vérités démontrées, c'est, je pense, d'une part, l'utilité, l'on peut dire même la nécessité d'une *noblesse héréditaire* dans une monarchie tempérée ; de l'autre, les abus crians, les vexations tyranniques qu'entraîne la *féodalité*, et son incompatibilité même avec les vrais principes du gouvernement monarchique.

D'où vient donc qu'à une époque où tous les bons esprits se rallient à cette forme de gouvernement, il s'élève de nouvelles discussions sur la noblesse? — Ne serait-ce point, comme il arrive souvent, parce que l'on attache aux mots de fausses idées, et que l'on confond avec la *Noblesse*, la *Féodalité*, qui est peut-être sa plus dangereuse ennemie, dans la plupart des états de l'Europe en général, d'après le mouvement universel, imprimé à l'esprit humain : et en particulier dans le royaume des Pays-Bas, d'après des circonstances locales que je développerai ci-après?

Commençons, comme disait *Locke*, par *définir les termes*. C'est le vrai moyen de s'entendre, pourvu qu'on y procède avec cette bonne foi, l'alliée naturelle du *sens commun*, qui, soit dit en passant, devient de jour en jour plus *rare* (1).

---

(1) C'est le mot de Juvénal :

« *Rarus enim fermè sensus communis.* »

Ce vers heureux et original a été rendu avec bonheur et originalité par M. *Raoul*, actuellement professeur dans l'université de Gand :

« Le sens commun n'est point une chose commune. »

N'ayant pas l'ambition de faire un livre, je devrais peut-être, à la rigueur, m'abstenir de la division par chapitres, qui annonce je ne sais quelle prétention ; mais pour mettre quelque ordre dans mes idées, je les exposerai successivement sous les trois rubriques de *Noblesse*, *Titres* et *Féodalité*. Si j'ai bien remonté aux principes qui les constituent, mon travail sera fait, puisque les conséquences en découleront naturellement.

DE LA NOBLESSE.

La noblesse, et sur-tout la noblesse de naissance, est-elle vraiment *un préjugé*, comme on l'a dit si souvent ? — Entendons-nous. — *Un préjugé* est *une opinion reçue sans examen*, mais cette opinion peut aussi bien être vraie que fausse. Quand J. J. Rousseau a dit que les vieillards ont pour eux le *préjugé de la sagesse*, a-t-il voulu dire par-là que *la sagesse n'est qu'une chimère ?* — Non, sans doute : il a dit simplement en d'autres termes, que lorsqu'on voit pour la première fois un vieillard, on peut *préjuger*, c'est-à-dire *présumer* ou plutôt *juger d'avance* que sa longue expérience l'a rendu sage. Voilà tout ; et c'est dans ce sens qu'on peut affirmer avec raison que *la noblesse est un préjugé favorable* ; car, quiconque porte un nom illustre ou distingué, doit être présumé le mériter, jusqu'à ce que sa conduite ait prouvé le contraire. La noblesse, à cet égard, est proprement l'annonce, la garantie présumée des qualités morales que l'équité seule prescrit de *préjuger* dans tous les hommes, tant que l'expérience ne nous force point de révoquer ce premier jugement (1). Cette proposition est si évidente qu'elle semble triviale, et je dirais presque en l'énonçant, ce que disait le grand écrivain que je viens de citer : « En vérité, je suis « honteux de savoir ces choses-là et de devoir « les dire. »

En effet, on aura beau faire : on ne fera jamais croire aux hommes qu'une longue succession de talens, de vertus ou d'éminens services rendus à l'état par une famille, ne l'élève point au-dessus de celles où ces titres de gloire ne se rencontrent pas. A quelque époque que ce soit, un descendant de cette famille sera toujours, par son nom même, distingué de la foule de ses concitoyens ; et s'il y joint des qualités personnelles qui lui donnent des droits à l'estime publique, il excitera parmi les siens je ne sais quel respect qu'il n'obtiendrait point, s'il n'avait eu des ancêtres aussi recommandables que lui. Voi-

(1) Qui ne connaît le vieil adage : *Quisquis præsumitur bonus donec probetur malus ?*

là, si je ne me trompe, la vraie origine de la noblesse, dans tous les temps et dans tous les pays. Allez dans le plus obscur village, vous y trouverez quelque bon cultivateur dont le nom propre est honoré de ses égaux, et leur commande involontairement la considération. Un raisonneur austère peut trouver à cela du *préjugé.* Soit; mais le fait existe, et puisqu'il n'y a rien, comme on l'a dit depuis long-temps, *de plus opiniâtre que les faits*, je ne vois pas pourquoi l'on refuserait, par exemple, à un rejeton des *Montmorency*, une distinction personnelle, que l'on accorde sans peine au descendant d'une honnête famille de tabellions ou de marguilliers.

Je dis plus : je ne sais ce que l'état gagnerait à la destruction de ce prétendu préjugé. Tout ce qui tend à perpétuer, et à rendre pour ainsi dire héréditaires, les qualités utiles et les sentimens d'honneur et de probité, n'est pas une illusion sans doute. Si l'homme n'étendait point son imagination au-delà de la courte durée de sa vie, il ne ferait guères d'efforts généreux pour en atteindre honorablement le terme. Y a-t-il, pour un bon citoyen, un plus bel héritage à laisser à ses enfans, que la mémoire d'un nom pur et respectable? N'est-ce pas leur imposer, en quelque sorte, le devoir de se rendre dignes de le porter? *Noblesse oblige*, est-il dit quelque part dans un ouvrage dont j'ai oublié le titre, mais dont ce mot seul annonce l'ame noble et élevée de l'auteur (1).

Les anciens peuples qui rappelaient le nom des pères en prononçant celui des fils, ont agi sagement. Quand on lit dans Homère, *Ulysse fils de Laërte*, *Télémaque fils d'Ulysse*, *Achille fils de Pélée*, *Néoptolème fils d'Achille*, on croit voir la gloire de ces héros rejaillir successivement sur leurs descendans. Cet usage, que la raison avoue, n'était pas seulement un aiguillon pour les grandes actions, c'était un frein et quelquefois un châtiment pour les mauvaises. *Thersite*, le plus vil des Grecs qui concoururent au siége de Troye, était puni de sa bassesse, même avant d'avoir senti la pesanteur du bras d'*Achille* (2). Il savait que son nom eût été une marque infamante pour son fils.

Je crois n'avoir pas besoin de dire que ces réflexions ne s'appliquent point exclusivement

---

(1) M. *le duc de Lévis*, actuellement pair de France. Je n'ai pas l'honneur de le connaître, mais je le respecte infiniment : il a été, il est sans doute encore ami de M. le *comte de Pontécoulant*, ancien préfet du département de la Dyle, qui a laissé dans la Belgique tant d'honorables souvenirs !

(2) On sait que le fils de *Thétis* l'assomma d'un coup de poing. Si j'avais l'honneur d'être professeur de l'université d'Oxford ou de Cambridge, je partirais de là pour prouver que l'art de *boxer* remonte aux siècles héroïques.

à la *Noblesse titrée.* Les mots *Noble* et *Noblesse*, évidemment dérivés de *Nobilis*, *Nobilitas*, ont (comme chacun sait) une acception très-étendue.

Il ne faut pas être savant, il suffit de compulser un dictionnaire, pour être convaincu que *nobilis familia*, *nobilissima familia* sont pris souvent, chez les écrivains latins, pour *famille considérable*, et non pour *famille de gentilshommes.* C'est dans ce sens que l'on dit : *nobili loco*, *nobili genere*, *nobili prosapiâ oriundi* (venant de bon lieu, issus d'une famille, d'une race distinguée) (1). Voilà précisément ce que l'on nomme en français, *Notables*, et il est facile de concevoir comment une *longue notabilité* dans une même famille, devient enfin *noblesse héréditaire.*

Qui ne sait, dit *Bayle* (2), que *nobilis* et *plebeius* n'étaient pas des termes incompatibles dans l'ancienne Rome ?

J'aime d'autant plus cette dernière observation historique, que, dans l'ordre constitutionnel du royaume des Pays-Bas, les députés des provinces à la seconde chambre des états-

---

(1) Cette expression *Nobilis* se prend aussi quelquefois en mauvaise part, comme le prouve ce passage de Cicéron : « *Testis est Phalaris*, *cujus est præter cæteros* NOBILI-« TATA CRUDELITAS : » (Témoin Phalaris qui, parmi les autres tyrans, s'est rendu FAMEUX par sa cruauté.)

(2) Dict. hist. tome II.

généraux sont appelés *Nobles et Puissans Seigneurs* (1), quoique la plupart des membres qui la composent ne possèdent ni titres ni armoiries. Il en est de même pour la qualification des membres des états provinciaux et des régences des villes.

Observons avec un sentiment de gratitude, que les mêmes principes libéraux règnent dans l'organisation de la *première chambre*. Elle est composée de citoyens distingués par leur naissance, leurs talens ou leur fortune. Ce sont effectivement les trois sources des vraies distinctions sociales. Si vous sortez de ce cercle, vous retombez dans le labyrinthe anarchique dont nous avons eu tant de peine à sortir.

On trouve dans la république d'Athènes un bel exemple de *cette notabilité* qui est le véritable type de la *Noblesse*, sous quelque

---

(1) Je m'étonne que l'auteur anonyme de la *Pétition de la Noblesse de la Flandre orientale pour le rétablissement des seigneuries et des droits seigneuriaux*, n'ait pas inféré de cette dénomination de *Puissans Seigneurs* attribuée aux membres de la première et de la seconde chambre des états-généraux, que la loi fondamentale a rétabli, *ipso facto, les seigneuries féodales*. Cet argument était bien digne de figurer à côté de tous ceux qu'ont fournis à l'auteur, les lois *Salique* et *Ripuaire*, qui ne seront plus guères citées, je pense, par les amis de la féodalité, depuis que M. *Dotrenge* a publié son *Opinion*.

gouvernement que ce puisse être. Voici ce que dit, à ce sujet, l'abbé Barthélemy, d'après l'autorité d'Aristote et de Platon (1).

« Tous ceux qui se distinguent par leurs « richesses, par leur naissance, par leurs ver- « tus et leur savoir, forment ici, *comme pres- « que par-tout ailleurs*, la première classe des « citoyens, qu'on peut appeler la *classe des « notables.*

« On y comprend les gens riches, parce qu'ils « supportent les charges de l'état; les hommes « vertueux, parce qu'ils contribuent le plus à « son maintien et à sa gloire. A l'égard de la « naissance, on la respecte, parce qu'il est à « présumer qu'elle transmet de père en fils « des sentimens plus nobles, et un plus grand « amour pour la patrie.

« On considère donc les familles qui pré- « tendent descendre des dieux ou des rois d'A- « thènes, ou des premiers héros de la Grèce, et « encore plus celles dont les auteurs ont donné « de grands exemples de vertus, rempli les pre- « mières places de la magistrature, gagné des « batailles, et remporté des couronnes aux « jeux publics.

« Quelques-uns font remonter leur origine

(1) Voyage d'Anacharsis, tome II, chap. VI, édition de Paris, 1789.

« aux siècles les plus reculés. Depuis plus de « mille ans, la maison des Eumolpides con-« serve le sacerdoce de Cérès-Éleusine, et celle « des Étéobutades le sacerdoce de Minerve. « D'autres n'ont pas de moindres prétentions; « et, pour les faire valoir, *ils fabriquent des « généalogies qu'on n'a pas grand intérêt « à détruire. Mais en général, l'éducation des « notables leur donne des droits aux premières « places, et l'opinion publique des facilités pour « y parvenir.* »

Je ne sais si je me trompe, mais il me semble que tout ce que l'on peut dire de juste, de vrai et de raisonnable sur les prérogatives essentielles de la *Notabilité*, source première de la *Noblesse*, se trouve renfermé dans ce passage, où la raison et la philosophie s'expliquent avec cette modération et cette simplicité qui en sont les plus beaux caractères.

Dans la république romaine, où les *Patriciens* formaient vraiment le premier corps de la *Noblesse*, on voit souvent prédominer ces mêmes prérogatives inhérentes à la *notabilité réelle*, au milieu des luttes continuelles qui s'élevèrent entre ce corps et celui de la nation. Cela est si vrai, que lorsque le peuple romain eut arraché aux patriciens la possession exclusive du consulat, satisfait de sa victoire, et ne voulant point la tourner contre lui-même, il continua long-temps d'élire ses consuls dans le premier ordre (1). Aussi juste et sage, que fier et instruit de ses droits, le *Peuple-Roi* ne s'irritait que de l'exclusion (2), savait rendre justice au mérite, et ne sacrifiait point à son amour-propre, son salut et sa gloire. — *Plus une nation est éclairée, moins elle abuse de sa force.* — Ce principe, qu'on n'oserait contester aujourd'hui sans rougir des conséquences qui résulteraient de la maxime contraire, devrait seul engager les gouvernemens qui entendent leurs intérêts, à rendre l'enseignement abordable aux classes de la société les moins favorisées de la fortune. On peut prédire à toute nation chez qui l'instruction publique est à prix d'argent, qu'elle marche à grands pas vers l'anarchie ou l'esclavage, à travers les ténèbres de l'ignorance et de la barbarie. — Je reviens à mon sujet.

C'est sans doute d'après des considérations semblables, puisées dans la raison et la nature des choses, que *Cicéron*, qu'on n'accusera pas d'être un ennemi de la liberté publi-

(1) Voyez *Tite-Live*, liv. IV, *Denis d'Halicarnasse*, liv. XI et la plupart des vieux historiens.

(2) On peut se rappeler à ce sujet que des troubles sérieux s'élevèrent dans la république, à l'occasion de la loi qui assignait à l'*ordre équestre* une place distinguée au spectacle, et qu'il fallut toute l'éloquence de *Cicéron* pour calmer cette effervescence populaire.

que, disait devant l'assemblée du peuple romain, dans une cause où il remplissait à la fois les devoirs de la justice, de la reconnaissance et de l'amitié :

« Tous tant que nous sommes d'honnêtes « gens, nous favorisons la noblesse, et parce « qu'il est avantageux à la république que les « hommes d'une certaine naissance soient di« gnes de leurs ancêtres, et parce que nous « rendons volontiers hommage à la mémoire « des hommes célèbres qui ont bien servi « l'état, lors même qu'ils ne sont plus (1). »

J. J. Rousseau, tant calomnié par le grand nombre de ceux qui ne l'ont pas entendu, et par le nombre plus grand encore de ceux qui ne l'ont pas lu, est bien de la classe de ces *honnêtes gens* dont parle *Cicéron*, quand il dit en termes exprès, dans cet ouvrage où il semble avoir pris la postérité pour confidente et pour juge de ses actions et de ses pensées les plus secrètes :

« S'il est un orgueil pardonnable après ce« lui qui se tire du mérite personnel, c'est ce« lui qui se tire de la naissance (2). »

(1) Omnes boni semper nobilitati favemus, et quia utile est reipublicæ, nobiles homines esse dignos majoribus suis, et quia valet apud nos, clarorum hominum et bene de republicâ meritorum memoria, etiam mortuorum.

(Cicero, or. pro P. Sextio.)

(2) *Confessions*, part. Ire, livre III.

Il faut en convenir : un pareil aveu, dans la bouche de l'auteur du *Contrat social*, est bien fait pour inspirer quelque confiance dans leurs principes, à ceux qui s'honorent de ne pas en avoir d'autres sur la matière que je traite en ce moment.

Si quelques personnes trouvent du *libéralisme* dans la supériorité que *J. J. Rousseau* accorde au mérite personnel sur la naissance, voici une autorité qui ne peut être atteinte par un tel soupçon. — Un seigneur anglais se croyant insulté par le peintre *Holbein*, demandait une vengeance exemplaire à *Henri VIII*, ou menaçait de se la faire lui-même. « Gardez-vous bien de l'offenser, lui « dit le terrible Henri; votre tête m'en répon« dra. Il me serait plus facile de faire sept « comtes de sept paysans, qu'un seul *Holbein* « d'autant de comtes. »

Si ces principes sont vrais, comme je le crois, il s'ensuit que toute noblesse dégénérée qui ne peut plus présenter que des titres de parchemin, ne doit plus avoir, dans l'opinion, un prix supérieur aux actes matériels sur lesquels ces titres sont inscrits. Il y a cependant ceci de bon dans ces actes : c'est qu'il dépend d'un homme de mérite de les tirer de la poussière, pour reprendre, dans la société, le rang que ses auteurs avaient perdu. Rétablir une illustration éteinte, est aussi glorieux que d'en créer une nouvelle.

La plus illustre noblesse est celle que j'appelle *historique*, c'est-à-dire, celle dont les titres sont plus glorieusement consignés dans les fastes de l'histoire que dans les archives des chambres héraldiques. Heureux qui peut dire avec assurance à ses contemporains : Je descends de ce fameux guerrier qui, dans telle bataille, a répandu son sang pour la patrie; de cet homme pieux et bienfaisant que les pauvres invoquent encore dans leur détresse; de ce grand écrivain dont les ouvrages ne périront jamais dans la mémoire des hommes! Des titres imposans, de hautes dignités peuvent relever encore cette illustration, mais on peut les en détacher sans craindre de la ternir; et quand on est sensible à la vraie gloire, je ne sais si l'on aimerait mieux compter parmi ses aïeux un *Bayard*, qu'un *Saint-Vincent de Paule* ou un *Pierre Corneille*.

Quel pays est plus riche en *Noblesse historique* que le royaume des Pays-Bas? Si je m'abstiens de rappeler ici toutes les races illustres qui le décorent, c'est que l'histoire a pris soin d'en conserver le souvenir, et que l'ombre même de la flatterie ne doit pas souiller un écrit que je consacre à l'austère vérité.

La Noblesse, circonscrite dans ses vraies prérogatives, et envisagée sous les grands rapports de morale et d'utilité publique, *n'est donc pas une chimère. Boileau* l'a dit depuis long-temps dans sa Vme satyre, dont le fond appartient à *Juvénal.* Mais, tout en rendant hommage à la vraie noblesse, voyez avec quelle rigueur, quel mépris amer, il traite les nobles dégénérés de la vertu de leurs ancêtres! Quiconque a fait de bonnes études, sait par cœur ces beaux vers imités du satyrique latin, où le poète-courtisan ne craint point d'établir, au sujet de la noblesse, un parallèle piquant entre la valeur intrinsèque d'un homme et d'un cheval :

« On fait cas d'un coursier qui, fier et plein de cœur,
« Fait paraître en courant sa bouillante vigueur :
« Qui jamais ne se lasse, et qui, dans la carrière,
« S'est couvert mille fois d'une noble poussière;
« Mais la postérité d'Alfane et de Bayard,
« Quand ce n'est qu'une rosse, est vendue au hasard.»

On retrouve dans ces vers, la verve de *Juvénal*, qui « reconnaît pour noble, *de quelque* « *pâturage qu'il vienne*, le coursier qui court « mieux que les autres, et fait voler sur l'arène « le premier tourbillon de poussière : »

« Nobilis hic, *quocumque venit de gramine*, cujus
« Clara fuga ante alios, et primus in æquore pulvis (1).

Je me suis dit quelquefois, en lisant ces ingénieuses satyres : quel bruit, quel scan-

(1) Juvenalis satyra VIII.

dale n'eût pas excité de nos jours, parmi les détracteurs de notre siècle, triste héritier des lumières du siècle précédent, le poète qui, doué du génie de *Boileau* et de *Juvénal*, eût proféré le premier des paroles si mal-sonnantes à tant d'oreilles superbes? On n'eût pas manqué de crier au *révolutionnaire*, au *philosophe*, et peut-être même à *l'athée* : et cependant, Louis XIV, le plus fier, le plus absolu des rois, souriait à ce naïf langage de la raison, ornée de toutes les grâces de l'esprit et de tous les charmes de la poésie.

Remontons plus haut que ce beau siècle des arts et des lettres : nous verrons les écrivains qui ont le plus brillé par leur gravité, leur savoir et leur sagesse, professer hautement les mêmes principes.

Montaigne, l'aimable et profond *Montaigne* (qui n'était rien moins qu'insensible aux distinctions humaines), disait avec sa franchise ordinaire :

« La noblesse est une belle qualité et in-
« troduite avec raison : mais, *d'autant que*
« *c'est une qualité despendante d'autruy*, et qui
« peut tomber en un homme vicieux *et de*
« *néant*, elle est en estimation bien loing au
« dessous de la vertu : c'est une vertu, *si ce*
« *l'est*, artificielle et visible, despendante du
« temps et de la fortune : diverse en forme
« selon les contrées, vivante et mortelle, sans

« naissance, non plus que la rivière du Nil, « généalogique et commune, de suite et de « similitude, *tirée par conséquence et consé-* « *quence bien foible.* La science, la force, la « bonté, la beauté, la richesse, toutes autres « qualités, tombent en communication et en « commerce : celle ci se consomme en soi, « de nulle emploite au service d'autruy (1). »

Telle était aussi, sur cette matière, l'opinion de *Charron*, disciple de Montaigne :

« Celui est vraiment et entierement noble « (dit-il) lequel fait profession de vertu pu- « blique, servant bien son prince et sa pa- » trie, étant sorti de parens et ancêtres qui « ont fait de même. — *Mais ceux qui n'ont* « *en soi rien de recommandable que cette no-* « *blesse de chair et de sang — c'est pure va-* « *nité :* toute leur gloire vient par chétifs « instrumens, *ab utero, conceptu, partu*, et est « ensevelie sous le tombeau de leurs ancêtres. « Comme les criminels poursuivis ont recours « aux autels et sépulchres des morts, et an- « ciennement aux statues des empereurs : « ainsi, ceux-ci destitués de tout mérite et « subject de vray honneur, ont récours à la « mémoire et armoiries de leurs majeurs (2). »

Les mêmes sentimens, les mêmes idées et

---

(1) Essais de Montaigne, livre III, chap. V.

(2) De la Sagesse, livre I, chap. LV.

presque les mêmes images se reproduisent dans *Juvénal*, oomme on vient de le voir; dans *Sénèque* dont chacun connaît ce mot : *animus facit nobilem*, (l'ame seule ennoblit l'homme); et sur-tout dans *Salluste*, où le fameux discours de *Marius*, après qu'il eut obtenu son premier consulat, n'est pas, comme plusieurs l'ont cru, une diatribe contre l'institution de la noblesse, mais une satyre aussi vive qu'éloquente contre les nobles dégénérés. C'est là que l'on remarque, entre autres, cette pensée si souvent répétée depuis, mais tout aussi souvent oubliée par la plupart de ceux qui devraient l'avoir sans cesse présente à l'esprit : « La gloire des aïeux est pour leurs « descendans une lumière qui ne laisse dans « l'obscurité ni leurs vertus ni leurs vices. » (Majorum gloria posteris lumen est : neque bona neque mala eorum in occulto patitur.)

Je finirai ces citations, déjà trop longues peut-être, et qu'il serait si facile de multiplier, par ce beau passage d'*Epictète*, où l'on retrouve à la fois le germe de la pensée de *Juvénal* que je viens de citer, et la pointe de ce sel attique, de cette fine ironie que ne dédaignait point la sagesse de *Socrate* :

« — Je vaux mieux que toi, mon père était « consul : je suis tribun et toi tu n'es rien. —

« Mon cher, si nous étions deux chevaux (1),
« et que tu disses : mon père était le plus
« vîte de tous les chevaux de son temps, et
« moi j'ai beaucoup de foin, beaucoup d'orge
« et un magnifique harnois; je te répondrais :
« *je le veux, mais courons!* (2) »

Que l'on cesse donc d'attaquer, sous le rapport de la *noblesse*, comme sous beaucoup d'autres, ce que les ennemis des lumières appellent avec tant de mépris *la philosophie moderne.* La plupart des philosophes du dix-huitième siècle, bien loin d'être des novateurs à cet égard, n'ont été que les disciples des anciens sages, qui ont proclamé dans les temps les plus reculés, les principes de l'éternelle raison. Cette clarté peut être obscurcie, à de certaines époques, par l'ignorance ou l'intérêt personnel, armés du pouvoir,

(1) Il est assez singulier que, parmi les animaux domestiques les plus utiles à l'homme, l'idée de *noblesse* se soit principalement attachée aux chevaux. C'est sur-tout, comme on sait, chez les Arabes, que cette idée s'est prononcée avec le plus d'énergie. Personne n'ignore qu'ils gardent scrupuleusement la *généalogie* de leurs coursiers. *Les Bédouins,* dit Gibbon, *conservent avec des soins superstitieux, l'histoire de leurs chevaux et des succès de la race la plus pure. La naissance d'un noble poulain est un sujet de joie et de félicitation pour les tribus.* (Décadence de l'Empire romain, tom. 13, page 144).

(2) Manuel d'Épictète, traduction de M. Dacier.

mais elle ne saurait s'éteindre tant que l'homme conservera les facultés dont il a été doué par Dieu même. — Ne pourrait-on pas dire à ces déclamateurs ignorans, ou plutôt intéressés? — Si rien ne peut vous plaire que ce qui est vieux, sachez que ces principes qui vous font tant d'horreur, sont aussi vieux que la civilisation des sociétés humaines. Ce sont les siècles de barbarie qui sont *modernes* en comparaison des siècles éclairés qu'ils ont suivis. Les plus effroyables *novateurs* sont ces mêmes barbares qui ont renversé l'empire romain, et ont donné à leurs esclaves des lois grossières ou absurdes, telles que les lois *Salique* ou *Ripuaire*, devant lesquelles vous vous prosternez si religieusement. Vous ne vous doutez guères, vous qui marchez sur les traces des *Huns* et des *Vandales*, que c'est sur-tout en fait de vérités, de l'ordre de celles qui nous occupent en ce moment, qu'il est raisonnable et juste de répéter avec le plus grand *philosophe* de l'antiquité, puisqu'il était inspiré par la suprême sagesse : « rien n'est nouveau sous le soleil, « et nul ne peut dire : voilà une chose nou- « velle; car cela a été dans les siècles qui se « sont passés avant nous (1). »

(1) Nihil sub sole novum, nec valet quisquam dicere :

Lecteurs honnêtes et impartiaux, est-ce à vous qu'il faut dire que je ne me constitue pas ici le défenseur officieux de tous ceux à qui l'on voudrait attacher, comme un signe de réprobation, le nom de philosophe du dix-huitième siècle? — Non : je ne vous fais pas cette injure. Vous savez comme moi, qu'il est aussi injuste, aussi absurde d'exalter tous leurs principes sans distinction, que de les proscrire en masse.

Cette manie de vouloir flétrir de l'épithète de *modernes* les plus *antiques vérités*, s'étend même à quelques expressions que d'orgueilleux ignorans représentent comme des signes de ralliement des soi-disant novateurs du dix-huitième siècle, quoiqu'elles appartiennent, sans contredit, à ce qu'ils nomment avec tant de complaisance, *le bon vieux temps*. Telles sont *ces idées*, *ces institutions libérales* qui, de nos jours, font frémir tant d'êtres serviles. Eh! bien, *Montaigne*, qui a vécu au *bon vieux temps de Charles IX*, avait dit ouvertement : « *Entre les arts libéraux*, *commençons par celui qui nous fait libres.* » C'est presque mot-à-mot la pensée de *Sénèque*, contemporain du *bon vieux temps de Néron*, qui valait bien

---

Ecce hoc recens est : jam enim præcessit in sæculis quæ fuerunt ante nos. (*Ecclésiastes, cap.* 1, § 10).

celui de *Charles IX: unum studium verè liberale quod liberum facit.* — Il y aurait un bon livre à faire sur les prétendues erreurs modernes qui ne sont que d'anciennes vérités; mais il faudrait, pour s'engager dans une si longue carrière, des forces et une patience qui me manquent également. Je ne fais qu'indiquer la route : de plus habiles que moi la parcourront peut-être.

Ce que je viens de dire me dispense, je crois, d'examiner quelle est la valeur relative de la noblesse de naissance et de la noblesse personnelle. Toutes deux ayant le mérite et la vertu pour base présumée, peut-on estimer l'une au détriment de l'autre? Et qu'importe, après tout, le millésime de deux pièces de monnaie, lorsqu'elles ont le même poids et le même titre? J'avoue cependant que mon vieux respect pour la noblesse *historique* la fait briller à mes yeux d'un éclat extraordinaire, et je ne vois qu'un cas où elle puisse être éclipsée, c'est lorsqu'elle ne brille plus que dans l'histoire. « Il vaut certainement mieux être l'auteur de sa propre noblesse, que l'opprobre de celle que l'on a reçue. » Ce n'est pas un philosophe du dix-huitième siècle qui a dit cela : c'est *Salluste* (1).

---

(1) « Nobilitatem novam *certè peperisse meliùs est quam acceptam corrupisse.* »

Sallust. de bello Jugurthino.

Après avoir ainsi établi et justifié ma profession de foi politique sur la noblesse, je me flatte de ne pouvoir être soupçonné de partialité en recherchant quels sont les fondemens et les effets de la *féodalité;* mais, avant de venir à cet examen, il me reste à jeter un coup-d'œil sur les *titres nobiliaires* dont j'ai pris l'engagement de parler.

DES TITRES.

Je ne me dissimule point, en prenant la plume pour écrire sur cet objet, combien l'entreprise est délicate. C'est l'*arche sacrée* pour les uns : c'est *moins que rien* pour les autres. Essayons de prouver que ces deux opinions contraires sont également exagérées.

Il est incontestable (et il y aurait même du pédantisme à le démontrer encore) qu'en général, l'origine des titres n'est guère imposante, puisqu'elle date de la décadence de l'empire romain, c'est-à-dire, de cette époque fatale où tout ce qu'il y avait de grand, de libéral et de généreux était menacé d'une ruine prochaine, et où les premières ombres de la barbarie commençaient à envelopper l'esprit humain. Personne n'ignore aujourd'hui que les titres de *ducs* (*duces*), de *comtes* (*comites*), de *marquis (marchiones)*, etc., ont été créés dans le *Bas-Empire*, pour désigner les titulaires de certains offices militaires ou civils; et qu'après l'invasion des barbares, ces désignations purement personnelles, n'ont acquis le droit d'hérédité que par l'effet de l'*usurpation* qui rendit insensiblement héréditaires les *bénéfices révocables ou à vie :* déplorable souvenir sans doute d'une des plus effroyables calamités qui aient écrasé et flétri l'espèce humaine!

Voici ce que dit à ce sujet, le bon *Dacier* (l'homme le moins suspect de *philosophie moderne*), dans son commentaire des œuvres d'Horace, dont il a dédié la traduction à *Louis XIV*. Il s'agit de l'expression *majestas tua* dont se sert le poète dans sa belle épître à Auguste, qui commence par ce vers :

« *Quum tot sustineas et tanta negotia solus* (1). »

« Le titre de *Majesté* est le moins flatteur « et le moins menteur que l'on pouvait donner « aux rois : c'était rendre à César ce qui était « dû à César. Aussi ne s'en est-on pas contenté « long-temps, et *la flatterie, jointe à une grossièreté vraiment gothique*, inventa bientôt *les « vains et faux titres de votre sérénité, votre « tranquillité, votre douceur, votre éternité, vo-*

(1) Epist. I, lib. III.

« *tre clémence*, que l'on donnait aux princes « qui n'étaient presque jamais rien moins que « ce que l'on les appelait. Nous avons enchéri « sur la grossièreté de ces siècles barbares, en « prodiguant le plus souvent à des hommes « sans naissance et sans mérite, les magnifiques « titres d'*excellence*, *éminence*, *grandeur*, etc., « qui, dans les premiers temps, auraient suffi « à payer la vertu la plus éclatante et la plus « solide. »

Saint-Foix rapporte à-peu-près la même chose, dans un ordre plus relevé. « On donnait autrefois, dit-il, aux rois de France les titres d'*illustrissime*, de *votre sérénité*, de *votre grâce*. L'usage de leur donner le titre de *majesté* ne s'établit entièrement que sous *Louis XI*, le prince le moins majestueux dans ses actions, ses manières et son extérieur (1). »

« On appelait (continue *Saint-Foix*, appuyé de l'autorité du sage *Fleuri*) l'empereur de Constantinople *votre sainteté*, et on voit dans l'histoire que souvent *sa sainteté* était un très-méchant homme. »

Cette plaisanterie (car ce n'est pas autre chose, et il faut bien en tolérer quelquefois, pour bannir l'ennui d'une discussion trop grave), cette plaisanterie, dis-je, me rappelle

---

(1) Voyez *les Essais historiques*, par Saint-Foix.

ce mot d'un *quaker*, raconté par le même auteur : « J'étais assis hier à table entre une *excellence* et une *altesse*. On ne saurait être plus bête que *son excellence*, et *son altesse* n'avait guère que quatre pieds huit pouces. »

Je me plais à citer, et je citerai peut-être encore *Saint-Foix* dans cet écrit. Il n'est suspect de *philosophisme* sous aucun rapport, car il montre par-tout sa haine et son mépris pour les *philosophes du siècle;* et il est mort d'ailleurs *historiographe des Ordres du roi.* Le taxer de mauvaise foi sur ce sujet, serait aussi injuste et aussi déraisonnable, que d'accuser un héraut d'armes d'être un esprit-fort sur le blason.

Des objections et des plaisanteries de la nature de celles que je viens de rapporter, sont à-peu-près, je pense, les seules armes avec lesquelles on puisse attaquer l'institution des *titres nobiliaires ;* mais soyons vrais : sont-elles assez fortes pour conseiller de les supprimer ? Quelle que soit leur origine, il est certain que l'opinion générale les considère comme *un attribut de la noblesse*, qui sert, en quelque sorte, à en marquer les degrés; et, pourvu qu'on n'y attache que les prérogatives réelles de cette noblesse, telles que les ont fixées les sages de tous les temps, je ne sais, en vérité, pourquoi l'on en désirerait la suppression. Une aveugle prévention ou une envie secrette, me semblerait plutôt être la cause d'un tel vœu. Un homme qui s'estime et n'envie personne, ne refusera jamais à qui que ce soit un titre dont lui-même n'est pas décoré. Il sait que ce titre n'exclut pas plus un mérite supérieur qu'il ne le prouve. Voilà pourquoi il n'en est pas plus choqué qu'ébloui, et, satisfait de la place qu'il occupe dans le monde, il s'y renferme sans effort, bien persuadé qu'il ne dépend point d'un sot orgueil de l'en faire sortir.

Cependant, chose bizarre! les titres sont honorés, et la distinction la plus honorable pour les hommes illustres, c'est qu'involontairement on prononce leur nom sans y joindre leurs titres. Le plus grand capitaine du siècle de Louis XIV, *Turenne*, a cessé d'être *vicomte*, non-seulement dans l'histoire, mais même dans les entretiens familiers; *Fénélon* était noble d'origine: Bossuet ne l'était point; et la postérité ne les a distingués que par les titres du *cigne de Cambrai*, et de *l'aigle de Meaux;* enfin, on peut, sans conséquence, et sans produire la moindre sensation, discourir tant qu'on voudra dans un cercle, sur *M. le comte de H......* ou *M. le baron de G.....;* mais imaginez les éclats de rire qu'exciterait en bonne compagnie, celui qui s'aviserait de parler de *M. le comte de Buffon*, ou de *M. le baron de Montesquieu!*

En définitif, les titres sont maintenus par l'opinion, qui en ceci, comme en tout le reste, est la reine du monde. Ils ne présentent par eux-mêmes aucun inconvénient réel: ils peuvent, au contraire, être utiles pour établir une sorte de hiérarchie nominale parmi *la noblesse ;* mais cette même opinion a rendu plus raisonnable, l'idée dominante de considération qu'on y a long-temps attachée. Autrefois le titre soutenait l'homme : c'est maintenant à l'homme de soutenir son titre.

Les *rubans*, les *croix*, et toutes les autres décorations extérieures rentrent naturellement dans ce sujet, et les mêmes principes y sont applicables. Je me crois donc dispensé d'en faire une mention spéciale. Observons cependant que les Romains connaissaient aussi bien que nous, des signes distinctifs de ce genre. *Marius*, dans *Salluste*, rappelle avec complaisance, « Les javelots, l'étendard, les harnais et *les* « *autres dons militaires* qui ont été le prix de « son courage (1). » Il est vrai qu'il rappelle en même temps *les cicatrices des blessures qu'il a reçues par devant*, (*cicatrices advorso corpore*): et c'est ainsi que dans tous les temps, il est beau d'être *décoré* (2)!

---

(1) *Sallust.* de bello Jugurthino.

(2) Les Germains connaissaient également ces ornemens et ces dons militaires : « Les guerriers, dit Tacite, deman-

Je ne connais qu'un seul moyen d'avilir ces signes honorables, mais il est infaillible: c'est de les prodiguer, et sur-tout d'en revêtir des sujets indignes.

Ici, l'on peut m'arrêter et me dire : la *noblesse* étant une institution sage et utile à la société, comment se fait-il que, malgré l'éclat dont elle est environnée, elle ne jouisse pas universellement de cette haute considération qui devrait être son plus bel apanage? — L'objection est grave et solide; elle mérite un examen attentif. Je vais m'y livrer un instant.—

En général, la décadence morale de la noblesse ne peut dériver que de l'altération des causes qui fondent sa prééminence. Plus le public a droit d'attendre d'elle, plus il s'irrite d'être déçu dans son attente; plus sa source est pure, plus elle est prompte à se souiller. Un philosophe du dix-huitième siècle, *Vauvenargues*, qui a porté son amour pour la noblesse jusqu'à l'idolâtrie, a dit un mot excellent : *la noblesse est la préférence de l'honneur à l'intérêt : la bassesse, la préférence de l'intérêt à l'honneur* (1). — Joignons à ce prin-

« dent à leurs princes, tantôt ce cheval de bataille, tantôt « cette lance victorieuse teinte du sang de l'ennemi. » *(Exigunt à principis sui liberalitate, illum bellatorem equum, illam cruentam victricemque frameam).*

(1) *Vauvenargues*, l'ami de *Voltaire*, sur l'esprit duquel

cipe de *l'intérêt* ou de la *cupidité*, celui de *l'orgueil* ou de *l'ignorance*, et nous serons, ce me semble, bien près de la solution du problême moral et politique que nous examinons.

Cet orgueil, qui ne se montre jamais chez les nobles qu'en sens inverse du mérite, paraît être une des plus vieilles maladies de l'esprit humain. *Charron* se voyait déjà au seizième siècle, dans la nécessité de rappeler cette ancienne pensée de *Salluste : Contemptor animus et superbia commune nobilitatis malum.* (Une hauteur dédaigneuse est le défaut ordinaire de la noblesse). — Remarquons toutefois avec plaisir que chez tous les peuples libres, et nommément dans le royaume des Pays-Bas, les vrais *grands seigneurs* sont exempts de cette morgue insultante, justement reprochée peut-être à la classe des grands, chez quelques nations voisines. Combien il me serait fa-

---

il avait même une sorte d'ascendant, était tellement idolâtre de la *Noblesse*, qu'il n'a pas craint de dire : « Que « la mémoire d'un mérite ne doit pas céder à des vertus « vivantes, et que les grands qui ont de la *hauteur*, (ce « qu'il prend sans doute ici en bonne part), ne se fondent « que sur leur naissance, quelque opinion qu'ils aient de « leur génie. » Cette étrange maxime, qui porte en elle-même sa réfutation, est d'ailleurs victorieusement réfutée par l'autre maxime du même philosophe, que j'ai citée plus haut.

cile d'en nommer qui *n'ayant*, comme dit *Montesquieu, rien à faire pour être respectés, font tout pour se rendre aimables!* (1) — Je me suis interdit l'éloge des vivans : mais qu'il me soit permis de rendre un hommage pur à la mémoire de ce *prince de Ligne* dont le souvenir est encore cher aux Belges. — Rien de plus illustre que sa maison : rien de plus brillant que sa bravoure et son esprit : rien de plus séduisant que ses grâces. Et cependant, le pauvre approchait de lui sans crainte ; l'artisan le plus obscur l'abordait en souriant. Il paraissait en public, et chacun racontait sa générosité, ses bons mots et ses exploits. Il s'asséyait à la table d'un simple citoyen, et l'aimable liberté y prenait place avec lui ; il y introduisait même une gaîté folâtre, malgré l'inégalité des rangs, comme il l'avait introduite si souvent, malgré l'étiquette, dans les cours et aux banquets des rois! —

Si un orgueil insultant pour les classes qui ne sont qu'utiles, est un des écueils les plus redoutables pour la noblesse, que dirons-nous de l'esprit d'avarice et d'avidité qui, à de certaines époques, semble se glisser parmi les nobles, comme pour les avilir de leur propre aveu? Que dirons-nous sur-tout de cette cupidité qui

(1) Lettres persanes, LXXIV.

les entraîne quelquefois à briguer les fonctions les plus odieuses au public, pourvu qu'ils en recueillent quelques émolumens?—Ceux qui s'estiment assez peu pour céder à ce vil intérêt, pourront me répondre que toute fonction qui n'exclut point la probité, est inaccessible au mépris. — Je le sais; mais je leur dirai à mon tour : ce n'est pas d'un principe abstrait qu'il s'agit ici, c'est de l'opinion. Vous ne tenez rien que d'elle, c'est par elle que vous existez : et vous tombez au-dessous des classes les plus vulgaires, vous cessez d'être, si vous voyez de l'honneur par-tout où il y a de l'argent. L'idée d'honneur n'emporte-t-elle point celle de désintéressement ou plutôt de sacrifice? Et peut-on, quand on attache des idées aux mots, concevoir un honneur mercenaire? Tant que vous servirez à l'éclat du trône, sans autre but que celui de le rehausser; tant que vous vous dévouerez à sa défense et à celle de la patrie, sans attendre que la loi vous y appelle, vos concitoyens vous considéreront comme appartenant à une classe vraiment distinguée; vous serez encore environnés de la même considération, s'ils vous voient siéger honorablement parmi leurs magistrats. Mais dès qu'ils s'apercevront que vous poursuivez avec acharnement les moindres avantages pécuniaires, les moindres emplois lucratifs; dès qu'ils vous verront, par exemple, réclamer, envahir, vos titres de noblesse à la main, les plus ignobles, les plus dures fonctions de la fiscalité : non-seulement la classe moyenne que vous aurez écartée, par votre concurrence, mais les hommes éclairés et justes de tous les rangs, ne trouveront plus en vous que des êtres abâtardis, usurpant, à l'abri d'un titre honorable, le patrimoine des simples citoyens qui, nés dans une condition obscure, n'ont d'autre moyen d'existence qu'un modeste et pénible travail. — Je n'ignore point que les chevaliers romains étaient fermiers des revenus publics; mais qu'y a-t-il entre les Romains et vous? Et qui ne sait que dans les gouvernemens républicains, fondés sur l'amour de la patrie, tout ce qui est relatif au service de l'état, s'ennoblit par cette relation même? — Il n'en est pas ainsi dans les monarchies ; et *Montesquieu* n'est qu'un rêveur, ou sous un tel gouvernement qui a l'honneur pour principe, les nobles ne peuvent descendre au métier de publicain, sans se dégrader eux-mêmes de noblesse!

Est-il nécessaire, en indiquant les causes destructives de la considération publique, sans laquelle la noblesse n'est rien, d'y comprendre le défaut d'éducation, l'ignorance et l'impéritie, qu'on est si désagréablement affecté de rencontrer parfois dans quelques membres de cette classe? Ne sait-on pas qu'à l'époque où nous vivons, ces sortes de taches sont indélébiles, et que l'éclat même de la pourpre ne les rendrait que plus saillantes? — Non, ce n'est pas dans notre siècle qu'une vérité si palpable a besoin de démonstration. Autant le mérite personnel relève les nobles, autant son absence les rabaisse. Il n'y a pas jusqu'à la sottise (qui n'est souvent qu'un tort de la nature), qu'on ne pardonne plus aux grands seigneurs même, qu'en faveur de la pitié qu'elle inspire. Les sots titrés, lorsqu'ils sont mis en évidence, sont au-dessous des sots sans titres, et ressemblent à des nains qu'on placerait sur une colonne. Plus leur élévation serait grande, plus ils paraîtraient grotesques et petits.

Mes principes étant posés, et nul ne pouvant s'y méprendre s'il est de bonne foi, j'aborde avec autant de confiance que de franchise, la grande question de cette *féodalité*, qui me semble être, comme je l'ai déjà dit, le plus funeste écueil de la noblesse, ou plutôt le gouffre où elle doit s'engloutir dans le royaume des Pays-Bas, si l'esprit d'imprudence et de vertige qui tend à l'y précipiter, a le malheur de triompher de la raison qui l'en écarte. — Je prie les lecteurs versés dans ces matières, d'accueillir avec indulgence l'aperçu que je me crois obligé d'en présenter, tant pour éclairer ceux qui n'ont pas une idée juste de cet ordre de choses, que pour confondre ceux qui s'efforcent de l'exposer sous un faux jour, en étalant les vains sophismes d'une érudition aussi frivole que pédantesque.

FÉODALITÉ.

Je craindrais d'encourir le reproche de ce pédantisme que j'impute aux défenseurs des institutions gothiques, si je m'engageais dans une longue et fastidieuse dissertation sur le *systéme féodal.* Je ne puis cependant m'abstenir d'en parler, puisque ses nobles champions prétendent que *les droits seigneuriaux* qui en faisaient partie, doivent survivre à l'ordre politique dont ils n'étaient qu'une attribution. Je vais donc en offrir à mes lecteurs le tableau en raccourci; mais comme je ne veux leur faire entendre que le langage d'une froide raison, et que je me méfie de l'invincible horreur que m'inspirent mes souvenirs historiques pour un régime que le sage continuateur de *Velly* ne craint pas d'appeler *monstrueux* (1), je laisserai parler à ma place l'illustre auteur de l'*Histoire du règne de Charles-Quint.* — Je sais qu'il n'y a ni mérite ni gloire à remplir un écrit de longues citations, et que *faire des livres avec des livres* est un triste métier, quoi-

(1) Histoire de France, par Garnier, t. 18, p. 252.

qu'il soit très-commun; mais ce ne sont pas des motifs d'amour-propre qui m'ont fait prendre la plume : et puisque les partisans de la féodalité nous accablent de leurs lourdes compilations, pour élever une caste privilégiée sur les ruines de l'ordre et du bonheur public, ne rougissons pas de devenir compilateurs à notre tour, pour repousser leurs extravagantes agressions. — J'ajouterai à cette raison, qui suffirait pour mon excuse, que l'ouvrage dont je vais donner ici un extrait est d'une si admirable beauté, que quiconque est digne de l'apprécier ne se lasse jamais de le relire.

Robertson s'exprime en ces termes (1), après avoir développé les principes sur lesquels les peuples du nord fondèrent leurs établissemens en Europe, vers l'époque où la chute de l'empire romain entraîna celle de la civilisation, des arts et des sciences.

« La nouvelle division des terres par les na-
« tions conquérantes sorties du nord de l'Eu-
« rope, introduisit de nouveaux principes;
« et il en résulta bientôt une espèce de gou-
« vernement inconnu jusqu'alors, et distingué
« aujourd'hui par le nom de *système féodal*.
« Quoique les nations barbares qui donnè-
« rent naissance à ce gouvernement, se fussent

(1) Introduction à l'Histoire du règne de Charles-Quint, tome 1, pag. 25 et suiv., édition de 1751, traduct. de Suard.

« établies en différens temps dans les pays « qu'elles avaient conquis ; quoiqu'elles fus« sent sorties de contrées différentes, qu'elles « eussent des langages divers, et qu'elles n'eus« sent pas les mêmes chefs, on remarque ce« pendant que la police féodale s'introduisit, « avec peu de variation dans toute l'Europe. « Cette étonnante uniformité a fait croire à « quelques auteurs que toutes ces nations, mal« gré quelques diversités apparentes, ne for« maient originairement qu'un seul et même « peuple ; mais il est plus naturel de cher« cher la cause de cette uniformité dans la « ressemblance même de cet état de société et « des mœurs primitives de ces barbares, et des « circonstances dans lesquelles ils se trouvèrent « en prenant possession de leurs nouveaux « domaines.

« Les conquérans de l'Europe avaient leurs « possessions à défendre, non-seulement con« tre ceux des anciens habitans à qui ils avaient « laissé la vie, mais encore contre les irrup« tions de nouveaux aventuriers qui pouvaient « venir leur disputer leurs conquêtes : leurs « premiers soins durent donc se tourner vers « les moyens de se défendre eux-mêmes ; et il « paraît en effet, que ce fut le premier objet « de leurs premières institutions civiles. Au « lieu de ces institutions vagues, qui sans con« traindre beaucoup l'indépendance des indi« vidus, suffisaient pour assurer la tranquil-

« lité commune, lorsqu'ils vivaient dans leurs « forêts et leurs déserts, ils sentirent la né- « cessité de s'unir d'une manière plus étroite, « et de sacrifier quelques-uns de leurs droits « personnels, pour jouir d'une plus grande « sûreté. Tout homme libre, à qui l'on assi- « gnait, dans le partage des terres conquises, « une certaine portion de terrein, était obligé « de prendre les armes contre les ennemis de « la nation. Ce service militaire était la con- « dition à laquelle il recevait et retenait sa « terre; et comme on n'était soumis à aucune « charge, cette espèce de possession chez un « peuple guerrier, devait être à la fois com- « mode et honorable. Le roi, ou le général, « qui avait conduit la nation à la guerre, res- « tant toujours le chef de la colonie, devait « avoir pour sa part la portion la plus con- « sidérable; il avait par là les moyens de ré- « compenser les services qu'on lui avait ren- « dus, et d'acheter de nouveaux partisans : « c'était dans cette vue qu'il distribuait ses « terres; et ceux entre lesquels il les partageait, « étaient engagés à prendre les armes pour « le défendre, et à le suivre au combat, avec « un nombre d'hommes proportionné à l'é- « tendue du terrein qu'ils avaient reçu; les « principaux officiers imitaient l'exemple du « prince; et en partageant entre leurs suivans « la portion de terre qui leur était échue, ils « attachaient à ce don la même condition.

« Ainsi un royaume féodal ressemblait plus « à un établissement militaire qu'à une ins- « titution civile. L'armée victorieuse se can- « tonnait dans le pays dont elle s'était em- « parée ; et chaque corps, subordonné à ses « officiers, restait soumis à la discipline mili- « taire. Les noms d'*hommes* et de *soldats* étaient « synonymes. Tout propriétaire de terre, armé « d'une épée, était toujours prêt à marcher « sur la réquisition de son supérieur, et à se « mettre en campagne contre l'ennemi com- « mun.

« Mais si le système féodal paraît avoir été « merveilleusement combiné pour défendre « la société contre une puissance étrangère, il « était extrêmement défectueux dans tout ce « qui peut assurer l'ordre public et la tran- « quillité intérieure. *Ce gouvernement, même « dans sa forme la plus parfaite, avait des ger- « mes visibles de désordre et de corruption qui « se développèrent bientôt, et qui, en passant « avec rapidité dans tout le système politique, « y causèrent les plus terribles ravages.* Le lien « de l'union civile était très-faible, et les prin- « cipes d'anarchie étaient innombrables. Les « parties monarchiques et aristocratiques de « la constitution n'étant contre-balancées par « aucune force intermédiaire, se pénétraient « les unes les autres et se combattaient sans « cesse. Les vassaux puissans de la couronne « obtinrent bientôt par la force que la pos-

« session des terres, dont la concession avait « été gratuite, et dont ils ne devaient jouir « qu'autant qu'il plairait au prince, leur fût « assurée pendant leur vie. *Ils n'eurent plus « qu'un pas à faire pour compléter leurs usurpa- « tions, et pour les rendre héréditaires* (1). *Gui- « dés par une ambition non moins audacieuse « et plus absurde, ils s'arrogèrent des titres « d'honneur comme des places de crédit et de « confiance. Ces marques de distinction per- « sonnelle, dont l'admiration ou la reconnais- « sance publique honore le mérite ou les talens « extraordinaires, furent attachées à certaines « familles, et se transmirent par succession, « comme les fiefs, du père aux enfans.*

« Les grands vassaux, après s'être ainsi as- « suré la propriété héréditaire de leurs terres « et de leurs dignités, entraînés par l'esprit « même des institutions féodales, qui tendaient « toujours à l'indépendance, quoique fondées « sur la subordination, tentèrent avec succès

(1) L'esprit humain en délire n'a rien inventé de plus absurde que la division des terres en *nobles* et *roturières*. Celles qui appartenaient à la première classe, entraient, comme les autres, dans le commerce, et se vendaient, avec leurs titres et leurs prérogatives nobiliaires, comme le bétail qui servait à les engraisser. — On frémit d'indignation, quand on pense que, par un simple contrat de vente, quelques poignées d'or pouvaient transmettre à un maltôtier, à un vampire public, le Comté d'*Egmont*, avec un nom illustré par le sang d'un des plus nobles martyrs de la liberté nationale! —

« sur les prérogatives du souverain, des entre-
« prises nouvelles et plus dangereuses encore.
« Ils obtinrent le pouvoir de juger souveraine-
« ment *dans leurs territoires, toutes les causes ci-*
« *viles et criminelles; le droit de battre monnaie,*
« *et le privilége de faire, en leur propre nom,*
« *et de leur autorité privée, la guerre à leurs en-*
« *nemis particuliers.* Les idées de soumission
« politique se perdirent presqu'entièrement, et
« il resta à peine quelque apparence de soumis-
« sion féodale. *Des nobles qui avaient acquis un*
« *pouvoir excessif, dédaignèrent de se regarder*
« *comme sujets. Ils aspirèrent ouvertement à se*
« *rendre indépendans; et brisèrent les nœuds qui*
« *unissaient à la couronne les principaux mem-*
« *bres de l'état.* Un royaume considérable par
« sa puissance et son étendue, était démembré
« en autant de principautés particulières qu'il y
« avait de barons puissans; et mille causes de
« discordes et de jalousies s'élevant de toutes
« parts, allumaient autant de guerres. Chaque
« contrée de l'Europe que ces querelles san-
« glantes plongeaient dans la désolation, dans
« des troubles ou dans des allarmes conti-
« nuelles, était couverte de forteresses et de
« châteaux, construits pour défendre les ha-
« bitans, non contre des forces étrangères, mais
« contre des hostilités domestiques. *L'anarchie*
« *régnait par-tout*, et substituait tous les désor-
« dres qui l'accompagnent, aux douceurs et aux
« avantages que les hommes espèrent trouver

« dans la société. *Le peuple, cette portion la « plus nombreuse et la plus utile de l'état*, était « réduit à un état de véritable servitude, ou « traité comme s'il eût été réellement esclave. « *Le roi dépouillé de presque toutes ses préro- « gatives, sans autorité pour former ou faire « exécuter des lois salutaires, ne pouvait ni pro- « téger l'innocent ni punir le coupable.* Les no- « bles qu'aucun frein ne retenait, s'épuisaient « les uns les autres par des guerres éternelles, « opprimaient leurs sujets, et humiliaient ou « insultaient leur souverain. *Pour mettre le « comble à tous ces maux, le temps consolida « et rendit même respectable cet absurde et fu- « neste système de gouvernement, que la vio- « lence avait établi.* »

« — On peut ajouter à ces tristes effets de « l'anarchie féodale, la funeste influence qu'elle « eut sur le progrès de l'esprit humain. *Tant « que les hommes ne jouissent pas d'un gouver- « nement réglé et de la sûreté personnelle qui « en est une suite naturelle, il est impossible qu'ils « cherchent à cultiver les sciences et les arts.* — « Il n'y avait pas encore un siècle que les peu- « ples barbares s'étaient établis dans les pays « conquis, et les traces des connaissances et de « la politesse que les Romains avaient répan- « dues dans toute l'Europe, étaient déjà entiè- « rement effacées. — Dans ces temps malheu- « reux, à peine connaissait-on encore les noms « de littérature, de philosophie ou de goût;

« *les personnes du plus haut rang et chargées* « *des emplois les plus importans, ne savaient* « *ni lire ni écrire. Beaucoup d'ecclésiastiques* « *n'entendaient pas le bréviaire qu'ils étaient* « *obligés de réciter tous les jours, et quelques-* « *uns n'étaient pas même en état de le lire.* La « tradition des événemens passés était perdue, « ou ne s'était conservée que dans des chroni- « que pleines de circonstances puériles ou de « contes absurdes. *Les codes de lois mêmes pu-* « *bliés par les nations qui s'établirent dans les* « *différentes parties de l'Europe, cessèrent d'avoir* « *quelque autorité, et l'on y substitua des coutu-* « *mes vagues et bizarres* (1). L'esprit humain, « sans liberté, sans culture, sans émulation, « tomba dans la plus profonde ignorance. — »

« — La religion chrétienne, dont les pré- « ceptes et les institutions sont fixés dans les « livres saints avec une précision qui ne sem- « blait pas permettre de les altérer ou de « les corrompre, la religion chrétienne elle- « même, dégénéra pendant ces siècles d'obs- « curité, en une grossière superstition. — »

« — L'esprit de domination avait cor- « rompu la noblesse; le poids de la servitude « avait avili le peuple; les sentimens généreux « étaient entièrement éteints, et il ne restait « plus aucune barrière contre la férocité et « la violence. — »

---

(1) J'en suis fâché pour les lois *Salique* et *Ripuaire*; mais voilà un terrible argument contre leur immutabilité.

« — *Mais il y a*, selon la remarque d'un « historien élégant et profond (1), *un degré « d'abaissement comme d'élévation, d'où les « choses humaines, lorsqu'elles y sont arrivées, « retournent en sens contraire, et qu'elles ne « passent jamais, ni dans leur progrès, ni « dans leur déclin.* Lorsque les défauts, soit « dans la forme, soit dans l'administration du « gouvernement, produisent dans la société « des désordres excessifs et intolérables, l'in- « térêt commun découvre et emploie bientôt « les remèdes les plus propres à détruire le « mal. *Les hommes peuvent négliger ou sup- « porter long-temps de légers inconvéniens; « mais, lorsque les abus viennent à un cer- « tain terme, il faut que la société périsse ou « qu'elle se réforme.* Les abus du gouverne- « ment féodal, joints à la corruption du goût « et des mœurs, qui en était la suite natu- « relle, n'avaient fait que s'accroître pendant « une longue suite d'années; et il paraît qu'ils « étaient arrivés, vers la fin du onzième siècle, « au dernier terme de leur accroissement. C'est « à cette époque que l'on voit commencer la « progression du gouvernement et des mœurs « en sens contraire, et que l'on peut faire re- « monter cette succession de causes et d'évé- « nemens, dont l'influence, plus ou moins « forte, plus ou moins sensible, a servi à dé-

(1) *Hume*, History of Engeland, vol. 2, p. 441.

« truire la confusion et la barbarie, et à y subs-« tituer l'ordre, la politesse et la régularité.— »

Ce tableau, tracé de main de maître, renferme dans un cadre étroit, l'origine, les progrès et les principes de décadence successive du système politique, qui a donné naissance au *régime seigneurial*, dont l'orgueil d'une part, et la cupidité de l'autre, voudraient relever les ruines, au détriment des prérogatives de la couronne et des droits de la nation.

Il n'est donc pas étonnant que les rois aient toujours tendu à détruire la *féodalité*, tandis que les peuples étaient impatiens d'en secouer le joug. — La mémoire de Louis VI, (affublé je ne sais pourquoi par les historiens, du sobriquet de *Louis-le-Gros*), sera éternellement bénie, parce qu'il a miné le premier, les fondemens de ce gothique édifice, par l'affranchissement des communes. Louis XI même, malgré son despotisme, son hypocrisie et sa cruauté, sera constamment loué, pour avoir mis les rois de France *hors de page;* et l'on est tenté de pardonner au cardinal de Richelieu ses *formes acerbes*, quand on se rappelle que ce grand ministre a brisé le dernier anneau de cette lourde chaîne qui enveloppait le trône de ses maîtres.

Qu'on vienne maintenant nous parler d'*hommage-lige et de féaulté* (1), dont les noms

(1) Voyez le prétendu Mémoire de la Noblesse de la

seuls sont un outrage à la constitution ! qu'on vienne demander, *au nom du peuple*, et comme le gage de la tranquillité publique, le rétablissement de ces droits odieux qui, tant de fois dans les siècles antérieurs, ont fait le désespoir des peuples et les ont poussés à la révolte !

Puisque les rédacteurs des adresses mensongères où l'on a récemment consigné ce vœu anti-populaire et anti-constitutionnel, ne connaissent pas l'histoire ou feignent de l'avoir oubliée, je vais leur retracer quelques traits historiques, pour leur prouver que tout le monde ne partage point *l'ignorance* ou la *mauvaise foi* dont ils taxent si arrogamment leurs adversaires. — Les époques que je vais rappeler sont calamiteuses sans doute ; elles font même quelquefois frémir l'humanité ; mais elles peuvent servir du moins à démontrer que les *seigneurs hauts et bas justiciers*, n'ont pas toujours été considérés comme *les pères* de cette classe d'hommes que l'on voudrait *rattacher paternellement à la glèbe ;* et que ces pères si tendres ont été traités souvent par leurs *enfans légitimes*, de la même manière que le rédacteur anonyme de la prétendue requête de la noblesse flamande, semble menacer de faire traiter, au besoin, ceux qu'il appelle si humainement : « *Les restes d'une*

Flandre orientale pour le rétablissement des *Seigneuries*, page 1.

faction expirante que le peuple eût massacrés à l'entrée des troupes alliées, si les bons citoyens n'en avaient pas comprimé les élans et la rage (1).

Je laisse apprécier à tout honnête homme ces expressions aussi morales que chrétiennes, qui ressemblent beaucoup à un appel *à la rage populaire;* et comme je m'applaudis d'être du nombre de ceux qui aiment mieux être les victimes que les provocateurs de ces sanglantes réactions, je me borne à raconter les faits suivans :

Vers le milieu du XVme siècle, éclata en France la révolte des paysans appellée la *Jaquerie* (2). C'était une association de malheureux à qui les ravages des troupes étrangères mirent d'abord les armes à la main pour défendre leurs propriétés, et qui ensuite se portèrent à des cruautés inouies envers les nobles, et mirent tout à feu et à sang dans *les seigneuries.* «Ce soulèvement, dit *Villaret*, arriva presque dans le même jour ; et ce qui «doit paraître plus extraordinaire, c'est qu'il «fut excité sans qu'on pût soupçonner ces hom«mes agrestes de s'y être préparés par un con«cert médité. La plupart n'avaient aucune liai-

(1) Voyez la prétendue Pétition de la Noblesse de la Flandre orientale, page 13.

(2) Voyez Histoire de France par Villaret, continuateur de Velly.

« son les uns avec les autres, *uniquement occu-*
« *pés de leurs travaux, et n'ayant jamais pris au-*
« *cune part aux affaires du gouvernement.* » Cette révolte fut étouffée dans le sang. Les paysans déployèrent un courage digne d'une meilleure cause, et furent plutôt exterminés que vaincus.

Robertson raconte avec son énergie et sa précision ordinaires (1), un soulèvement semblable qui eut lieu en Allemagne vers le commencement du seizième siècle. Voici comment il s'exprime : la citation est un peu longue, mais le lecteur ne s'en plaindra point.

« L'Allemagne était troublée à cette époque,
« et déchirée par des factions qui donnaient lieu
« de craindre les plus funestes conséquences.
« Les institutions féodales subsistaient encore
« presque sans altération dans l'empire. La pro-
« priété des terres était entre les mains des ba-
« rons, de qui leurs vassaux les tenaient aux
« conditions les plus onéreuses : le reste de la
« nation était dans un état d'oppression qui ne
« valait guère mieux qu'une servitude absolue.
« — Les paysans à qui on accordait des terres,
« n'en pouvaient jouir que pendant leur vie ;
« ces terres ne passaient jamais à leur posté-
« rité ; à leur mort le seigneur avait droit de
« choisir et de prendre dans leurs troupeaux et
« dans leurs meubles, ce qui lui convenait ; et

(1) Histoire du règne de Charles-Quint, liv. IV.

« les héritiers, pour obtenir le renouvellement « du bail, étaient obligés de payer de gran- « des sommes, par forme d'amendes. *L'habi- « tude et l'usage faisaient supporter sans mur- « mure à cette malheureuse classe d'hommes, « ces énormes exactions ; mais quand le progrès « de la politesse et du luxe, et les changemens « récemment introduits dans la manière de faire « la guerre, vinrent augmenter les dépenses du « gouvernement, les princes furent obligés de le- « ver sur leurs sujets des impôts, soit fixes, soit ac- « cidentels.* Alors ces charges, par leur nouveauté « même, parurent intolérables; et, comme en « Allemagne, les impôts se mettaient principale- « ment sur les denrées de première nécessité, ils « se firent sentir plus vivement au peuple, et le « portèrent enfin au dernier degré du déses- « poir. Les Suisses, excités par le ressentiment « que leur inspirèrent de semblables imposi- « tions, se procurèrent par leur courage, au « quatorzième siècle, la liberté dont ils jouis- « sent. La même cause avait soulevé les paysans « de plusieurs autres provinces d'Allemagne « contre leurs seigneurs, vers la fin du quin- « zième siècle et le commencement du seizième; « et quoique ces révoltes n'eussent pas eu pour « eux le même succès, il en coûta beaucoup « de sang et de peines pour les apaiser.

« Les mauvais succès de ces paysans les « avaient contenus quelque temps sans les abat-

« tre; voyant l'oppression s'accroître tous les « jours, ils coururent aux armes avec toute la « fureur du désespoir. Ce fut auprès d'*Ulm* dans « la Souabe que parut en 1526 le premier éten- « dard de la révolte. Les paysans des contrées « voisines y accoururent en foule, avec toute « l'ardeur et l'impatience naturelles à des hom- « mes qui, gémissant depuis long-temps sous le « joug le plus dur, croient enfin entrevoir le « moment favorable qui doit les en délivrer. « Le même esprit de sédition se répand enfin de « province en province et parcourt toute l'Al- « lemagne. Rien n'est épargné : par-tout où pé- « nètrent ces furieux, ils pillent les monastè- « res, ravagent les terres de leurs seigneurs, « démolissent leurs châteaux, et massacrent « sans pitié tous les nobles qui ont le malheur « de tomber entre leurs mains.

« Lorsqu'ils crurent avoir effrayé leurs op- « presseurs par ces violences, ils cherchèrent « plus tranquillement les moyens d'en assurer « l'effet, et de s'affranchir pour l'avenir de la ty- « rannie des mêmes exactions. Dans cette vue, « ils dressèrent et publièrent un mémoire qui « contenait toutes leurs demandes, et déclarè- « rent qu'ils ne mettraient bas les armes que « lorsqu'ils auraient obligé tous les nobles de « les satisfaire, de gré ou de force, sur chacun des « articles, dont voici les principaux. — Ils de- « mandaient qu'on leur laissât la liberté de « choisir leurs curés; qu'on ne leur fît plus

« payer d'autres dîmes que celle du blé; qu'ils « ne fussent plus regardés comme les esclaves « ou serfs de leurs seigneurs; qu'*on leur lais-« sât, comme aux nobles, le droit de chasse et « de pêche;* qu'on les déchargeât des taxes nou-« velles dont on les avait accablés; que la jus-« tice se rendît avec moins de rigueur et plus « d'impartialité; *enfin qu'on mît un frein aux « usurpations des nobles sur les prairies et les « communes.*

« *Plusieurs de ces demandes* (ajoute Robert-« son, avec cette impartialité qui caractérise les « grands historiens), *étaient très-raisonnables;* « et une multitude formidable de paysans ar-« més pour les appuyer, semblait devoir en « assurer le succès : mais ces masses indisci-« plinées et dispersées en plusieurs endroits, « ne pouvaient mettre dans leurs opérations ni « règle ni union, ni suite ni vigueur; ils n'a-« vaient pour chefs que des hommes de la lie « du peuple. — Les princes et les nobles atta-« quèrent les uns en plaine, surprirent les au-« tres dans des embuscades, et les taillèrent en « pièces ou les dispersèrent tous. Les paysans, « après avoir inutilement ravagé tout le plat-« pays et perdu plus de vingt mille des leurs, « *furent forcés de retourner dans leurs habita-« tions, avec moins d'espérance que jamais d'ê-« tre soulagés dans leurs misères.* »

A une époque presque contemporaine, se

forma, suivant le même historien (1), l'association formidable des communes de Castille, connue sous le nom de *santa giunta* : expression que le traducteur français rend par *sainte-ligue*, et le vieux traducteur de notre historien *Van Meteren*, par *sainte-alliance* (2). — On ne revient pas de son étonnement, quand on songe que ce cri de guerre d'une faction, armée contre l'autorité légitime au seizième siècle, est devenu, trois siècles plus tard, le titre distinctif d'un pacte solennel entre les plus grands monarques de l'Europe, confédérés sans doute pour le bonheur de l'humanité, mais dont les déclarations publiques, conçues en termes généraux, n'ont pas encore dévoilé le but positif.— C'est bien le cas de s'écrier encore avec *Salomon : nihil sub sole novum!* — Quoi qu'il en soit, voici les faits.

La *santa giunta* n'était pas, comme dans les circonstances que j'ai rappelées plus haut, un rassemblement tumultueux de paysans indisciplinés. Les villes les plus considérables y prirent part : les *cortès* même l'appuyèrent; et les nobles, loin de s'y opposer, avaient commencé par en favoriser les démarches, tant qu'elles n'eurent pour but ostensible que

---

(1) Histoire du règne de Charles-Quint, liv. IV.

(2) Voyez (page 10) l'*Histoire des Pays-Bas, par Van Meteren*, traduite en français par J. D. L. *Haye*, et imprimée à La Haye, par l'imprimeur des états, en 1618.

la réforme des abus dont ils souffraient eux-mêmes, et qui étaient occasionnés par le défaut d'expérience du jeune monarque (Charles-Quint), ou par l'imprudence et l'avidité des ministres. — Ils ne tardèrent point à se jeter dans le parti contraire, dès qu'ils s'aperçurent que les vues de la ligue ne s'arrêtaient pas là, et qu'*ils virent clairement*, dit *Robertson*, qu'*elles tendaient à anéantir le pouvoir aristocratique.*

Afin que l'on connaisse bién ce que voulait cette *sainte-alliance*, je vais extraire quelques articles des remontrances qu'elle fit au souverain. Elle demanda : — « qu'on n'introduisît jamais de troupes étrangères dans le royaume, sous quelque prétexte que ce fût. — Qu'on ne donnât plus aux troupes de logemens gratuits. — Qu'il n'y eût que les sujets naturels qui pussent posséder les charges et les bénéfices dans l'état et dans l'église. — *Que les priviléges obtenus par les nobles, en quelque temps que ce fût, au préjudice des communes, fussent révoqués, et que leurs terres fussent assujéties à toutes les taxes publiques, comme celles des autres citoyens.* »

L'historien fait à ce sujet une observation d'une justesse frappante : « Comme les institutions féodales étaient, *dit-il*, originairement les mêmes dans les différens royaumes de l'Europe, l'esprit des gouvernemens fondés sur ce système, était à peu-près le même partout; et les réglemens que les *Castillans* s'efforçaient d'établir dans cette conjoncture, diffèrent très-peu de ceux que les autres nations tâchèrent d'introduire, dans les efforts qu'elles tentèrent pour recouvrer leurs libertés. » — Concluons de là que la *féodalité* est, en quelque sorte, une lèpre dévorante qui, étendue jadis sur toute la surface de l'Europe, a eu par-tout les mêmes symptômes allarmans, la même malignité; et que par-tout elle a produit des crises aussi fatales au bonheur des hommes qu'à la tranquillité des états. — Cette levée de bouclier par les communes de *Castille*, eut le sort des autres insurrections dont je viens de parler. L'incendie qu'avait allumé la *sainte-alliance* s'éteignit dans un fleuve de sang; et dom *Juan de Padilla*, son intrépide chef, périt par la main du bourreau. — *Robertson* décrit ses derniers momens avec un tendre intérêt; il loue avec enthousiasme sa veuve *Maria*, qui vengea, les armes à la main, la mort de son époux, et eut ensuite le bonheur incroyable d'échapper à ses persécuteurs.

C'est à des causes semblables qu'il faut rapporter les révoltes, les pillages et les massacres qui ont signalé dans la Belgique, le commencement du quatorzième siècle. Toutes ces horribles scènes sont peintes des couleurs les plus sombres dans notre histoire nationale. *Anvers*, *Bruxelles*, *Malines*, *Louvain* et presque toutes nos provinces, en furent successivement le théâtre, sous le règne du duc de Brabant *Jean II*, fils de ce *Jean I*, qui fut l'auteur des réglemens célèbres connus sous le nom de *lois de Cortenberg*, l'un des plus précieux monumens de nos antiques libertés.

Afin qu'on ne se méprenne point sur l'origine de ces troubles, je transcrirai ce qu'en dit notre historien M. *Dewez*, aussi distingué par l'étendue de ses connaissances, que par sa véracité et sa modération (1) :

« C'est dans ces temps que s'élevèrent en-« tre les *nobles* et les *bourgeois*, ces funestes « dissensions qui, du Brabant, se répandirent « dans presque toutes les provinces belgiques. « Anciennement il n'y avait que les nobles et « les familles privilégiées connues sous le nom « de *patriciennes*, qui fussent admises aux fonc-« tions publiques : le peuple, privé du droit « de citoyen, était réduit à la vile fonction « d'esclave; il supportait tous les impôts et tou-« tes les charges de l'état; mais enfin, fatigué, « indigné de cette servitude humiliante, pour « laquelle il sentait qu'il n'était pas fait, il fit « entendre ses plaintes et valoir ses droits; il

---

(1) Abrégé de l'histoire de la Belgique, 5e époque.

« demanda hautement d'avoir entrée aux em-
« plois, et part aux délibérations publiques.
« L'orgueil et l'injustice des nobles et des ma-
« gistrats n'avaient pas peu contribué à don-
« ner lieu aux réclamations, aux plaintes fon-
« dées du peuple, et aux maux innombrables
« qui en furent les suites. » —

Mon cœur souffre, ma plume se lasse à retracer tant d'horreurs. Détournons-en les yeux, et hâtons-nous d'en tirer deux conséquences importantes qui en découlent naturellement.

La première : c'est que ce n'est point proprement le systême politique nommé *féodalité*, mais le *régime seigneurial*, avec ses prestations et ses charges intolérables, qui, dans tous les temps et dans tous les lieux, a constamment soulevé le peuple, *quoique généralement*, comme l'a fort bien observé *Villaret* (1), *il s'occupe uniquement de ses travaux*, et ne s'intéresse guères à l'organisation de son gouvernement, que lorsqu'il en découvre le vice par des effets immédiats.

La seconde conséquence, (et ce n'est pas la moins grave) : c'est que, si l'oppression féodale a fait briser aux peuples le frein de l'obéissance, lorsque cette oppression était protégée par la force de l'habitude et des

---

(1) Voyez plus haut, page 49.

mœurs, ainsi que par l'autorité de vieilles lois, auxquelles il était impossible d'opposer aucune désuétude : on a droit de craindre, sans être taxé de pusillanimité, l'explosion terrible qui pourrait en résulter, à présent que l'immense majorité de la population du royaume se compose, ou d'hommes qui, depuis plus d'un quart de siècle, sont affranchis de ce joug, ou d'autres qui, depuis l'âge de la raison, en ont à peine acquis la connaissance traditionnelle.

C'est ici une observation essentielle, et j'en tiens acte d'avance, pour me prémunir contre la calomnie.—Je ne provoque point l'abolition des *droits seigneuriaux*, dans les pays assez malheureux pour connaître encore ces tristes vestiges du *système féodal*. C'est au temps seul et à la sagesse des gouvernemens qu'il faut s'en rapporter à cet égard; mais je soutiens (et tous les amis de la paix publique, dont les lumières ne sont pas offusquées par l'intérêt, partageront mon avis), je soutiens qu'il y aurait la plus haute imprudence à jeter parmi la classe la plus nombreuse de la nation, ces fermens de haine, de discorde et de vengeance, qui, dans les siècles précédens, ont ébranlé les fondemens des sociétés civiles.—Cette crainte s'accroît encore, quand on songe que le malheur des temps a tellement augmenté les contributions territoriales et les impôts de tout genre, que, sans s'exposer à ruiner à la fois le prince et le peuple, on ne peut plus abandonner à d'autres mains qu'à celles des agens du trésor, l'exploitation de cette mine, appauvrie par tant de fouilles.

Tout cela paraît si vrai, si évident, si palpable, qu'on ne sait plus comment qualifier l'obstination de ceux qui le nient, par l'organe de leur champion anonyme, et qu'on ne peut se défendre d'un sourire de pitié, quand on entend leurs doléances. —

Que restera-t-il donc à *la noblesse spoliée* (1), s'écrient-ils d'un ton lamentable, si on ne lui rend la pêche, la chasse et toutes les préro-

---

(1) Ces *déplorables spoliations* remontent plus haut qu'on ne pense. Le duc *Henri II*, que l'histoire représente cependant comme un prince ami de la paix et du peuple, en a donné, au 13e siècle, un bien triste exemple. Il osa supprimer le *droit seigneurial*, connu sous le nom de *morte-main*, auquel étaient soumis tous les habitans, excepté les nobles et les ecclésiastiques. L'historien *Dewez* décrit ainsi *ce droit paternel* : « Quand un père de famille mou-« rait, les parens devaient couper la main du mort, et « l'offrir *à leur seigneur*, en signe de servitude, à moins « qu'ils ne se libérassent en lui donnant le plus précieux « de leurs meubles. » Comme ce droit n'a été supprimé que par un simple *rescript*, je pense, d'après la doctrine établie par le *rédacteur de la pétition de la noblesse de Flandre*, qu'on pourrait le rétablir, sans autre cérémonie, en vertu du *jus postliminii*.

gatives pécuniaires dont le *rédacteur de la fameuse requête*, a fait une énumération si touchante, corroborée par la *loi Salique*, pour se concilier, probablement, la bienveillance des *vassaux*, *manans* et *vilains*? —

Ce qui vous restera, messieurs! ne le savez-vous pas? — Il vous restera, d'abord, *vos fortunes*, que l'on ne peut ni ne veut vous enlever, et qui, en général, sont les plus considérables du pays : car (personne ne l'ignore) *ce ne sont pas les moins riches qui crient le plus haut.* — Il vous restera ensuite, *dans l'ordre moral*, comme on vous l'a déjà dit, une prérogative plus précieuse que l'argent, quand vous unirez les droits du mérite personnel à la considération que donne une naissance illustre. — Enfin, *dans l'ordre politique*, vous jouirez des attributions importantes que vous assurent nos lois constitutionnelles, dont vous perdez toujours la mémoire, quoiqu'elles vous aient été si positivement rappelées par l'homme d'état que votre malencontreux écuyer a provoqué en champ clos, avec tant d'imprudence et de maladresse (1)!

Ces attributions sont, puisqu'il faut vous le répéter si souvent :

« 1°. Une influence politique très-grande

---

(1) Voyez l'*Opinion de M. Dotrenge*, etc., page 44.

et même plus grande qu'autrefois, par la part qu'on vous a donnée dans la composition des états provinciaux, formant le corps administratif de chaque province et le collége électoral pour le choix de la seconde chambre des états-généraux. »

« 2°. Votre rang dans l'état, qui est un des trois titres voulus par la *constitution* pour être nommé à la première chambre, et qui n'exclut pas de l'être aux deux autres titres, savoir : les services rendus à l'état, et la notabilité de fortune. — »

Vous avez donc, messieurs, une part importante dans la législation; par conséquent vous êtes investis de la plus belle prérogative que *Montesquieu* réclame pour votre ordre *dans un état libre;* et cette prérogative est d'autant plus glorieuse, que n'étant plus souillée de *féodalité*, elle cesse *d'être odieuse par elle-même*, comme Montesquieu avoue qu'elle l'était de son temps (1).

Ce partage si honorable, qui satisferait le plus noble orgueil, est loin, je le vois bien, de rassasier le vôtre. — Vous soupirez, et vous levez au ciel des yeux mouillés de larmes. — Eh bien! votre sort me touche, et je compatis à vos douleurs. — On vous a prouvé (2),

(1) *Esprit des Lois*, liv. XI, chap. VI.

(2) *Opinion de M. Dotrenge*, etc.

que la *loi Salique* et la *loi des Ripuaires*, (même en supposant qu'elles fussent éternelles et irrévocables de leur nature, comme le *fidéi-commis perpétuel* en vertu duquel bien des gens, *qui ne s'en vantent plus aujourd'hui*, prétendaient, il n'y a pas long-temps, que la souveraineté de la Belgique ne pouvait jamais sortir de la maison d'Autriche), on vous a prouvé, dis-je, avec une rigueur qui tient de la *félonie*, que ces lois ne vous attribuaient pas la propriété des terres que vous n'avez jamais possédées, non plus que celle des terres que vous ne possédez plus. On a poussé même l'inhumanité jusqu'à vous démontrer qu'il ne suffirait pas d'être ou d'avoir été possesseur d'une *villa*, c'est-à-dire, d'une *métairie*, pour faire déclarer *vilains* tous ceux qui n'ont pas cet honneur : et que, d'après l'analogie des termes, cette qualification de *vilain* appartient de droit à ceux qui se glorifient de la possession d'une *villa*. — Forgeons de nouvelles armes pour repousser cet incommode logicien. — A la loi *Salique* qui est immuable, puisqu'elle a été rédigée sous le règne du grand *Clovis* : à la loi *des Ripuaires* dont son fils *Thierri* est l'auteur, (et qui par conséquent jouit du même privilége) : joignons, par surabondance de droit, la loi *Gombette*, qui est aussi un *chef-d'œuvre de législation*, et qui fut créée, comme vous savez, par le roi de Bourgogue *Gondebaud*, dont on n'oserait supprimer les actes législatifs, quoiqu'on ait pris la licence d'abolir la *Joyeuse Entrée*, bien autrement importante. Cette loi *Gombette* est d'autant plus admirable, qu'on lui doit l'invention des *combats judiciaires*, que vous revendiquerez sans doute en temps et lieu, et où vous brillerez sans contredit, attendu qu'il n'était permis jadis aux roturiers de se *battre judiciairement*, qu'à coups de bâton (1).

Allons plus loin. Soutenons de nouveau (2) que le 2e article additionnel à la loi fondamentale n'ayant pas expressément déclaré que ces *chefs-d'œuvre* étaient surannés, ils sont encore pleins de force et de vigueur; ce sera battre *les anarchistes et les déclamateurs du jour* par leurs propres armes, puisqu'ils vous opposent sans cesse la constitution. — Sommons-les en conséquence de vous rendre, sans désemparer, les droits sacrés et les prérogatives immuables dont un écrivain aussi érudit que laborieux s'est plu à faire la recherche dans le siècle dernier, comme pour vous fournir aujourd'hui les moyens de développer progressivement vos hautes prétentions.

Pour mettre plus de clarté dans ce développement, je classerai chaque article par ordre

---

(1) *Saint-Foix*, Essais historiques.

(2) Le rédacteur anonyme de la requête de la *Noblesse de Flandre*, n'a eu garde d'y manquer, page 4.

numérique. — Soyez tranquilles sur les sources où j'ai puisé les faits. Cet érudit est aussi incontestablement des nôtres que pourrait l'être le châtelain le plus fieffé. C'est *Saint-Foix, historiographe des Ordres du roi de France*, aux principes duquel nous pouvons nous fier, sans craindre de nous compromettre.

1°. Sous la première et la seconde race des rois de France, et pendant près de quatre siècles sous la troisième, un *noble* ne pouvait être puni de mort que pour crime de lèse-majesté ou de trahison envers la patrie. — Obtenez ce point, messieurs, et vous ferez tuer impunément par vos gardes-chasse, tous les *braconniers-propriétaires* qui auront l'audace de tuer *vos lièvres* sur *leur propre terrein*.

Que si ce moyen répugne un peu à votre délicatesse ou à votre conscience, bornez-vous à provoquer le rétablissement de deux articles de la *loi Gombette*, qui sont des *chefs-d'œuvre* de législation, plus admirables encore que le placard du 22 juin 1753 (1).

2°. Par l'un de ces articles, « Si un vilain volait un épervier, il était condamné à une amende de huit écus d'or, ou à se laisser manger par cet oiseau, cinq onces de chair sur une partie du corps que le lecteur devine dès qu'on ne la nomme pas.

---

(1) Voyez sur ce placard la soi-disant pétition de la *Noblesse* de la Flandre orientale, page 13.

3°. Par l'autre article (qui est bien plus modéré encore) le voleur d'un chien de chasse était condamné à faire trois tours sur la place publique en lui baisant le derrière. — Douces prérogatives de la féodalité, qu'êtes-vous devenues! — Je sais qu'il est ici question d'un vol, et que le vol, quel qu'en soit l'objet, doit toujours être puni; mais arrêtons-nous à la pénalité : faisons-en l'application à tous les délits de chasse indistinctement, et je vous promets que bientôt il ne s'en commettra plus. — Sur-tout, messieurs, tenez sévèrement la main à cette mesure indirecte, et vous fermerez ainsi la bouche *aux anarchistes*, avec qui vous ne serez plus obligés de discuter si le monopole de la chasse est compatible ou non avec le droit de propriété : car vous savez que c'est à des termes si simples que se réduit toute la question.

Ce n'est pas tout. Comme les avantages de la naissance sont illusoires, sans les distinctions extérieures et exclusives, rétablissons bien vîte les anciennes et vénérables coutumes suivantes :

4°. Sous le règne de *Charles V*, roi de France, on s'avisa d'armorier les habits. Les femmes portaient sur leurs robes, à droite l'écu du mari, et à gauche le leur : cette mode dura plus de cent ans. — Si on la rétablissait de nos jours, il en résulterait cet inappréciable bien, que les plus jolies femmes de la cour perdraient leurs attraits et leurs grâces aux yeux des roturiers qui ont l'insolence de les trouver aimables. — Je crois n'avoir pas besoin d'ajouter, qu'il faudrait, dans ce cas, charger les hérauts d'armes ou les maîtres des cérémonies, de surveiller soigneusement les tailleurs, qui devraient leur être subordonnés.

5°. Sous *Philippe-le-Bel*, il était statué que nulle bourgeoise n'aurait de *char*, et ne se ferait conduire le soir avec un flambeau. — Il est plus essentiel qu'on ne croit, de remettre en vigueur cette loi somptuaire qui tient à la tranquillité publique. — Il règne maintenant une telle *anarchie* parmi les propriétaires de carrosses, que non-seulement les bourgeois aisés osent s'en servir dans les promenades publiques, les jours de *gala*, mais qu'ils se permettent même d'en *dorer les ressorts et les roues;* ce qui conduit nécessairement, comme l'a très-bien observé un membre de l'ordre équestre, à la subversion totale du royaume.

6°. En 1535, il fut prescrit, sous peine de mort, à tout bourgeois, de se faire raser la barbe, parce qu'alors la barbe longue distinguait les nobles et les militaires de tous ceux qui ne l'étaient pas. — L'expédient me paraît impayable. — Qu'il me soit permis néanmoins de proposer d'y joindre l'interdiction formelle à tout roturier, de se poudrer les cheveux, ou de les porter pendans sur les épaules, comme nos anciens conseillers. Les nobles seigneurs châtelains ressembleraient seuls, de cette manière, aux rois *chevelus* de la première race, et les têtes *à la Titus* resteraient le partage de la bourgeoisie, à cause de leur origine révolutionnaire.

7°. Enfin (et je gardais ce trait historique pour le dernier, vu son extrême importance): « Il n'était jadis permis qu'aux nobles de mettre des *girouettes* sur leurs maisons. Elles étaient peintes, armoriées, et représentaient les bannières ou *pennons* de la noblesse. » — Le rétablissement de cet antique usage serait un coup décisif. — A présent *le droit de girouettes* n'est plus un privilége : chacun se mêle d'en arborer. Ramenons-les à leur illustre origine. Elles seront alors des *armes parlantes* pour tel ou tel seigneur suzerain, qui n'ose encore les revendiquer ouvertement.

Je demande pardon à quelques lecteurs graves, du contraste que présentent ces observations avec le ton sérieux qui règne en général dans cet écrit; mais il est des absurdités si énormes, des extravagances si révoltantes, que, lorsqu'on est forcé de les combattre, il faut absolument s'en fâcher ou en rire. J'ai préféré ce dernier parti, et j'espère que tout le monde ne m'en saura pas mauvais gré.

Si, d'ailleurs, l'autorité des grands hommes prouvait quelque chose pour les hommes médiocres, je pourrais me prévaloir ici de l'autorité de *Montesquieu.* — On sait que lorsqu'il traite la question de l'*esclavage des Nègres*, très-analogue à celle-ci, il dédaigne d'employer ses armes ordinaires pour attaquer ceux qui ne rougissaient point d'en soutenir la légitimité. Il feint de partager leurs principes; il éclate en sarcasmes et les perce, à coups redoublés, des traits mortels du ridicule. — Tout le chapitre V du XVe livre de l'*Esprit des Lois* est empreint de cette couleur; et c'est là qu'on trouve entr'autres cette ironie sanglante: « *Ceux dont il s'agit sont noirs des pieds jusqu'à la tête, et ils ont le nez si écrasé qu'il est presqu'impossible de les plaindre.* »

Ce grand nom de *Montesquieu*, qui imprime je ne sais quel respect dont on ne cherche point à se défendre, me rappelle que les partisans de la *féodalité* ont osé le comprendre parmi les apologistes de cet affreux système politique; et qu'à l'appui de leur assertion, ils citent ce passage célèbre où il dit: « Que « c'est un beau spectacle que celui des lois féo« dales, qu'il compare à un chêne antique, dont « les racines sont si profondes, qu'il faut per« cer la terre pour les trouver. » —

Quand même *Montesquieu* aurait fait l'apologie de la *féodalité*, il faudrait bien avouer, malgré soi, que ce serait une de ces aberrations du génie, une de ces erreurs de l'esprit humain, dont n'étaient pas exempts ces grands hommes de qui *Quintilien* disait autrefois : *summi sunt, sed homines.* (Ils sont grands, mais ils sont hommes.) Tranquillisons-nous cependant : il n'en est pas ainsi.

On a vu ci-devant que *Robertson* lui-même convient que l'origine et l'uniformité des lois féodales sont encore jusqu'à présent un problême historique (1). — Ce problême si difficile à résoudre, l'immortel auteur de l'*Esprit des Lois* se flattait de l'avoir résolu : il était frappé d'ailleurs de cette sorte d'étonnement qui tient de l'admiration, pour l'antiquité de ces lois ténébreuses; et, dans un mouvement, mêlé de ce dernier sentiment et d'un orgueil bien permis à un homme supérieur qui croit avoir découvert une grande vérité, il s'écrie que ces lois antiques sont *un beau spectacle*, comme un grand peintre, inspiré par l'aspect imposant d'un désert sauvage, serait excusable d'y trouver *une belle horreur.*

Quant à la comparaison du vieux chêne,

---

(1) Voyez ci-dessus, page 38.

elle ne prouve que la magnificence du style de l'écrivain : et l'homme le plus ordinaire, sans atteindre à la même hauteur d'expression, pourrait dire également, dans un sens opposé : que la *féodalité* est comparable à l'arbre vénéneux des *Antilles* (1), dont les racines semblent toucher aux enfers, puisqu'autrefois ses sucs imprégnaient d'un poison indestructible, la flèche du *Caraïbe*, et que, suivant le témoignage de quelques observateurs de la nature, son ombre seule donne la mort à l'imprudent voyageur qui s'endort sous son feuillage! —

Je touche avec autant de plaisir que le lecteur même au terme que je m'étais prescrit; et je n'aurai plus que peu de mots à ajouter aux observations qui précèdent, pour démontrer, comme j'en ai pris l'engagement, que si l'esprit du siècle repousse en général les institutions féodales, c'est sur-tout dans le royaume des Pays-Bas que leur rétablissement serait accueilli avec une répugnance qui tiendrait de l'horreur.

Il suffit, pour se convaincre de cette vérité, de se souvenir que la prospérité de ce beau royaume est fondée principalement sur l'agriculture et le commerce, qui, à leur tour,

---

(1) Le *Mancenilier* (Hippomane Mancinella, de Linné).

ne peuvent prospérer que sous l'empire d'une législation libérale.

L'agriculture fleurira-t-elle dans les provinces du midi, quand le laboureur, qui, dans ce moment, ne connaît d'autre seigneur que le roi, devra, tout-à-coup, quitter sa charrue pour se livrer aux corvées et aux autres prestations qu'exigera de lui le maître impérieux dont la main avare lui arrachera en même temps une part précieuse du prix de ses sueurs, et qui aura le droit exclusif de charmer ses loisirs, en parcourant les champs avec des chevaux et une meute, pour détruire, au moment qu'il aura choisi lui-même, les animaux nuisibles dont la destruction est un droit naturel, inhérent à la propriété!

Quant aux provinces du nord qui tirent toutes leurs richesses du commerce (du commerce qui ne vit que de liberté et s'indigne de toute entrave!) : ignore-t-on qu'il n'y a peut-être pas de coin de terre en Europe, où le respect dû à la naissance soit apprécié avec une raison plus impartiale et plus froide que dans ces mêmes contrées? — Et l'on s'imagine que les Hollandais qui ont su *se faire un rempart contre l'Océan* (1) et braver toutes

(1) Aucun peuple ne mérite plus que les Hollandais l'éloge que fait *Le Tasse* des insulaires de leur pays, qui

les forces de *Philippe*, courberont leurs têtes, sans murmurer, sous le joug féodal ! — Ils n'ont pas conquis leur indépendance en marchant, comme des vassaux dociles, sous les bannières de la noblesse ; et s'ils ont même conservé cette institution lorsque *Guillaume-le-Grand* eut fondé la république, c'est que d'une part, ils ont été forcés de capituler avec les circonstances, et que de l'autre, ce peuple généreux n'a pas cru devoir s'affranchir de la reconnaissance envers les nobles citoyens qui avaient servi sa cause. Ce ne fut point un acte servile, ce fut une déférence honorable. Mais jamais, à aucune époque, les honneurs, les titres, les décorations nobiliaires, et bien moins encore les prérogatives féodales, n'ont produit en Hollande cette sorte de respect religieux, de terreur stupide, qu'ils inspirent aux peuples flétris par la servitude. Être libre, n'avoir d'autre maître que l'autorité publique, servir et défendre son pays, en accroître les richesses par son travail : voilà quels ont été, de tout temps, chez cette nation sage, laborieuse et sobre, les titres à la vraie gloire. Les

---

« *ont su enchaîner l'Océan, et par des digues maîtriser sa fureur.* » (Traduction de Le Brun).

— « Gli Isolani lor, che d'alta sponda
« Riparo fansi a l'Ocean vorace. » —
Gerusalemme liberata, canto I.

classes mêmes les moins éclairées y partagent ces sentimens avec les classes d'un ordre supérieur ; et depuis le pêcheur le plus obscur, jusqu'au capitaliste le plus opulent, jusqu'au savant et à l'homme de lettres qui pèsent les choses humaines dans les balances de la raison, vous ne trouverez aucun Hollandais digne de ses ancêtres, qui rende à la noblesse un autre hommage volontaire que celui qu'on ne peut refuser au mérite personnel relevé par l'illustration de la naissance. Aucun d'eux ne se soumettra, s'il n'y est contraint, à charger ses biens et sa personne des débris de ces fers honteux dont tous les princes, dignes de la couronne, ont toujours cherché et cherchent encore à délivrer le *trône qui protége le peuple, et le peuple qui est le vrai soutien du trône.* — Cette dernière vérité a reçu de nos jours une preuve qui frappe les esprits les moins attentifs à la série et à la cause des événemens. Les institutions féodales étaient debout, lorsque les monarchies les plus puissantes ont été renversées ; et c'est après leur chute, que les nations, dans leur propre intérêt, ont relevé le pouvoir monarchique, sans en réclamer d'autre prix que la fixation d'une barrière légale et éternelle, contre l'anarchie et le despotisme. —

Quand on réfléchit bien à cette direction générale de l'esprit public, on s'effraie moins des tentatives souterraines de quelques hommes, pour qui la raison, la justice et l'expérience ne sont rien, quand il s'agit de leurs intérêts personnels. On se dit qu'après toutes les secousses que l'organisation sociale a éprouvées dans presque toute l'Europe, il est difficile de croire qu'on s'expose encore témérairement à en provoquer de nouvelles, qui pourraient être aussi désastreuses que les précédentes. On se dit enfin que toute révolution qui blesse les droits et les intérêts du grand nombre, dans quelque sens que ce soit, peut être comparée à un coursier fougueux qui s'agite au milieu de la foule; il écrase quand il s'élance : quand il recule, il écrase encore.

Ce qui doit rassurer aussi, c'est que les membres les plus éclairés, les plus distingués de la noblesse, ne partagent point l'aveuglement de ceux qui s'imaginent que, sans les *droits seigneuriaux* émanés de la féodalité, leur ordre n'aura plus aucune consistance dans l'état; que cet ordre doit nécessairement tomber dans la nullité, dès qu'il perd ses moyens d'oppression; que le droit exclusif de pêche et de chasse, le droit de percevoir des impôts en concurrence avec le trésor public, rendraient le monarque plus puissant, et le peuple plus heureux; et que la couronne d'or qui couvre le front des rois, recevrait un nouvel éclat de cette couronne de clinquant que les anciens seigneurs posaient si fièrement sur leur tête !

J'aime à me rappeler à cette occasion, que des nobles, issus des familles les plus illustres, et dont je m'honore d'avoir acquis et conservé l'estime dans toutes nos révolutions politiques, m'ont déclaré maintes fois, que, quoiqu'ils n'eussent qu'à gagner personnellement au rétablissement des *droits seigneuriaux*, ils regarderaient la tentative de les rétablir, comme une calamité publique ; étant persuadés que si l'égalité des conditions est par-tout la plus folle et la plus pernicieuse des chimères, l'égalité des droits, dans une monarchie tempérée, est le plus grand bienfait de l'ordre social. —

Enfin, (et voilà ma plus ferme, ma plus douce espérance), je me dis quelquefois, quand l'avenir se présente à mes yeux sous un aspect menaçant, que l'auguste dynastie de nos rois ne sera jamais infidèle à la cause de la liberté pour laquelle ses ancêtres ont tant fait ; et qu'il n'est pas à craindre qu'aucun des princes de la maison de Nassau, puisse, au siècle où nous vivons, considérer comme un reproche personnel, ce magnifique éloge qu'un écrivain anglais, homme d'état, moraliste, poète et philosophe, adressait, il y a plus d'un siècle, à ce *prince d'Orange* qui fit trembler *Louis XIV*, et qui occupa le trône des *Stuarts* au plus légitime, au plus sacré des titres, le vœu de la nation anglaise, dont il maintint la gloire et la prospérité :

« La race des Nassaus, dit *Addisson* dans « une épître à *Guillaume III*, a été désignée « par le ciel pour abaisser l'orgueil des oppres- « seurs de l'humanité; pour enchaîner par les « lois les tyrans de la terre, et pour venger, « comme premiers patriotes du monde, la « cause des nations dont les droits sont mécon- « nus (1)! »

---

(1) « The race of Nassaus was by heav'n design'd
« To curb the proud oppressors of mankind;
« To bind the tyrants of the earth with laws,
« And fight in ev'ry injur'd nation's cause
« The world's great patriots. —

(Addisons poems.)

FIN.

www.ingramcontent.com/pod-product-compliance
Ingram Content Group UK Ltd.
Pitfield, Milton Keynes, MK11 3LW, UK
UKHW020944180726
13838UKWH00003B/1118

9 782329 318448